V&R Academic

Kleine Bibliothek der antiken jüdischen
und christlichen Literatur

Herausgegeben von Jürgen Wehnert

Vandenhoeck & Ruprecht

Joseph und Aseneth

Ein Roman über richtiges und
falsches Handeln

Übersetzt und eingeleitet
von Stefanie Holder

Vandenhoeck & Ruprecht

Bibliografische Information der Deutschen Nationalbibliothek

Die Deutsche Nationalbibliothek verzeichnet diese Publikation in der Deutschen Nationalbibliografie; detaillierte bibliografische Daten sind im Internet über http://dnb.d-nb.de abrufbar.

ISBN 978-3-525-53467-0

Weitere Ausgaben und Online-Angebote sind erhältlich unter: www.v-r.de

Satz: SchwabScantechnik, Göttingen
Druck und Bindung: ⊕ Hubert & Co GmbH & Co. KG,
Robert-Bosch-Breite 6, 37079 Göttingen

Gedruckt auf alterungsbeständigem Papier.

Inhalt

Einleitung

Der Aufbau des Romans

Wie sich Aseneth, die Tochter eines ägyptischen Priesters, zum Judentum bekehrte, beschreibt der erste Teil des Romans *Joseph und Aseneth*, Kapitel 1,1–21,9. Aseneth sieht Joseph, den Minister des Pharao, als er sich mit seinem Gefolge im Haus ihres Vaters zu Gast lädt, und ist beeindruckt von der Präsenz Gottes in seiner Erscheinung (5,1–6,8). Joseph aber distanziert sich von ihr, da sie anderen Göttern als dem Gott des jüdischen Volkes opfert. Aus Treue zu seinem Gott weist Joseph Aseneth ab und stellt damit auch die Verpflichtungen der Gastfreundschaft zurück. Seine Fürbitte um den göttlichen Segen leitet Aseneth auf den Weg der Gottessuche (7,1–9,2) und Buße (10,1b–17,10). Sie entfernt alle Götzenbilder aus ihren Räumen und trägt Trauer. In Abgeschiedenheit (10,1b–8a) tritt sie vor Gott, bekennt Gott ihre Reue, ihn missachtet zu haben, und bittet um seinen Beistand gegen die Nachstellungen ihrer alten Götter (10,8b–13,15). Ein Engel erscheint Aseneth und schließt die Bekehrung ab durch ein Mahl, an dem er sie teilhaben lässt (14,1–17,6). So geläutert, kann Aseneths Heirat mit Joseph stattfinden (19,1–21,9).

Im zweiten Teil des Romans, Kapitel 22–29, versucht der Sohn des Pharao Aseneth gewaltsam für sich zu gewinnen (23,1). In den Anschlag zu ihrer Entführung kann er jene Halbbrüder Josephs hineinziehen, die von den Nebenfrauen Jakobs abstammen, indem er ihnen die Lüge glaubhaft macht, Joseph plane, sie aus dem Land zu treiben (24,1–25,7). Der Anschlag wird vereitelt von Benjamin und denjenigen Halbbrüdern Josephs, die von Lea, der zweiten Hauptfrau Jakobs, geboren wurden (26,1–27,11). Als letztere für den Anschlag Rache nehmen wollen an den verräterischen Brüdern, kann Aseneth dies verhindern durch einen Appell an das biblische Gebot der Feindesliebe (28,1–17). Josephs Brüder kann sie überzeugen, doch für den Sohn des Pharao kommt jede Hilfe zu spät. Er erliegt seiner Kampfverletzung (27,3; 29,1–7). So übernimmt Joseph nach dem Tod des Pharao die Herrschaft über Ägypten (29,8–9). Den Übergang zwischen beiden Teilen markiert ein Psalmgebet Aseneths (21,10–21), das dem Muster der biblischen Psalmen folgt.

Zum Inhalt des Romans

Die Rahmenhandlung von *Joseph und Aseneth* ist durch die biblische Josephserzählung vorgegeben (Gen 37; 39–50): Joseph durchreist als rechte Hand des Pharao Ägypten, um in der Zeit der sieben fetten Jahre Korn einzusammeln für die kommende Hungerzeit, die sieben mageren Jahre. Auf seinem Weg nimmt Joseph Quartier beim Hohenpriester von On/Heliopolis, Pentephres. Dort begegnet er Pentephres' Tochter Aseneth, die, ebenso keusch wie schön, von allen Großen des Landes zur Braut begehrt wird. Pentephres träumt davon, sie dem mächtigen Minister Joseph zur Frau geben. Doch Aseneth widersetzt sich, zutiefst empört: Einen ehemaligen Sklaven, der mit der Frau seines Herrn verkehrte und so dessen Vertrauen gröblich missbrauchte, einen Fremden, einen Kanaanäer, den Sohn eines nomadisierenden Hirten – so einen Mann will sie nicht!

Ihr Widerstand schmilzt dahin, als sie vom Fenster ihres Zimmers, in das sie sich zurückgezogen hatte, um diesen Gast ihrer Eltern nicht begrüßen zu müssen, Joseph zum ersten Mal sieht. Sie ist überwältigt von der Präsenz Gottes in ihm und erkennt, dass ihre Ablehnung unberechtigt und vorschnell war. Tief beschämt über ihren Fehler hofft Aseneth, Joseph nicht gegenübertreten zu müssen. Doch Joseph entdeckt sie am Fenster.

Dass Aseneth ihn als einzige im Haus nicht begrüßt, ist Joseph zunächst nicht unrecht, da er es leid ist, von den Frauen der Ägypter bedrängt zu werden. Erst als er hört, dass Aseneth an Leib und Seele keusch geblieben ist, bittet er Pentephres, seine Tochter herbeizurufen. Ihre Mutter bringt Aseneth zu Joseph, damit auch sie den Gast begrüßt. Joseph begegnet ihr freundlich, ihren Willkommenskuss aber weist er zurück. Als er seine Ablehnung erklärt und um Gottes Segen für sie bittet, bricht Aseneths Welt zusammen. Ihre Suche nach dem Gott Josephs beginnt.

Joseph und Aseneth verbindet zwei zentrale menschliche Grundbestrebungen: die Suche nach einem Partner, mit dem man sein Leben teilen kann, und die Suche nach dem Sinn des Lebens. Die Frage des Lebenssinns wird beantwortet mit der Suche nach dem höchsten und einzig wahren Seienden, konkret mit der Suche nach dem biblischen Gott. Was eine gelingende Partnerschaft ausmacht, wird mit Blick auf die Frage des Lebenssinns diskutiert.

Der Roman beginnt die Diskussion über den Lebenssinn, indem die äußeren Vorzüge der Hauptfiguren herausgestellt werden. Joseph ist mächtiger Minister des Pharao, von allen respektiert und Wohltäter des Landes. Aseneth ist schön und in eine vornehme Familie hineingeboren, die Pharaonen und Göttern seit Generationen dient und zu den einflussreichsten des Landes gehört. Doch die äußere Vorzüglichkeit der Charaktere wird in *Joseph und Aseneth* gezielt hinterfragt.

Zu Beginn der Erzählung finden wir Aseneth beständig mit sich selbst beschäftigt. Sie opfert ihren Götzen, lebt inmitten aller materiellen Güter zusammen mit sieben Ziehschwestern ihres Alters, die ihr genaues Abbild sind. Aseneth definiert sich beständig über ihre Lebensumstände und braucht konstant Bestätigung durch andere. Sie lebt in einer Welt der Angst: Sie opfert ihren Göttern, getrieben von Angst, und begegnet den Menschen, getrieben von Angst. Sie ist unsicher über ihren Wert als Person, weshalb sie sich an Äußerlichkeiten klammert und auch andere nur nach deren äußeren Vermögen, ihrem Besitz und ihren Fähigkeiten, bewerten kann. Nichts ist ihr gut genug, denn sie hat Angst, anderen nicht gut genug zu sein. Sie will die Anerkennung, begehrt zu sein von den Großen ihres Landes, erst recht, wenn diese noch über ihr stehen. Doch sie will nicht selbst begehren, noch viel weniger den Schritt vom Begehrt- zum Geliebtwerden tun. Sie kann nicht voll lieben, denn sie kann nicht loslassen: Sie scheut sich, das Haus ihrer Eltern zu verlassen, die kleine Welt, in der jeder ihr zugeneigt ist und sie umhegt. Sie kann nicht für sich selbst stehen, denn ihr ist unklar, was ihre Identität ausmacht. Sie schafft ein Bild von sich aus von anderen entliehenen Versatzstücken und möchte ein stummes, taubes Idol bleiben wie die Idole, denen sie opfert. So erwartet sie, angstgetrieben, dass andere jedes noch so kleine ihrer Bedürfnisse befriedigen, wie sie, angstgetrieben, jedes noch so kleine Bedürfnis ihrer Idole zu befriedigen sucht.

Joseph fürchtet weder das Ausgeliefertsein in einem Kerker, noch das Ausgeliefertsein im Lieben, denn er steht selbstbewusst für sich. Mit derselben Sicherheit, mit der sich der Minister Joseph beim Hohenpriester und Herrn über Heliopolis, Pentephres, zu Gast lädt, deutet der Sklave Joseph die Träume des allmächtigen Pharao. Joseph kann den Wert seiner Mitmenschen anerkennen und ihrer Würde Achtung entgegenbringen. Er muss sich nicht mit schwachen Menschen umgeben, um der eignen Ängste Herr zu werden, oder sich beständig in anderen spiegeln, um herauszufinden, wer er selbst sein mag. Joseph weist nicht deshalb Aseneth zurück, um sie durch ein manipulatives Spiel von Nähe und Ferne, Wärme und Liebesentzug, halber Anteilnahme und ausschließlicher Selbstbezogenheit gefügig zu machen. Joseph weist Aseneth zurück, weil er sie als wesensfremd erkennt.

Joseph und Aseneth wirft die Frage auf, wie ein Mensch zu diesen inneren Vermögen des Joseph gelangen kann. Die Antwort ist zunächst religiös gefasst: Gottesliebe und Einhaltung der mosaischen Gebote sind die zwei Hauptelemente, denen der erste Teil des Romans in diesem Fragekontext nachspürt. Gottesliebe ist dabei sowohl die Liebe des Menschen zu Gott, als auch die Liebe Gottes zum Menschen, in der sich der Mensch bergen kann.

Mit der Gottesliebe ist aber auch die Notwendigkeit verbunden, mit anderen Geschöpfen Gottes gut umzugehen. Als Richtschnur einer sittlich richtigen Handlungsweise verweist daher der erste Teil von *Joseph und Aseneth* auf die mosaischen Gebote, auf ein positiv formuliertes Recht also, dessen Einhaltung der Roman strikt fordert.

Wie es gelingt, von der bloßen Einhaltung eines positiven Rechts zur Entwicklung eines selbstständigen inneren Gewissens zu gelangen, das erst echte sittliche Vorzüglichkeit garantiert, wird im zweiten Teil des Romans an verschiedenen Figuren diskutiert. Feindesliebe, der gute Umgang mit anderen Menschen also, selbst wenn diese das eigene Leben und die eigene Sicherheit willentlich gefährden, ist hier das zentrale Element und der Prüfstein, an dem sich die Figuren bewähren müssen.

Überlieferung und Entstehung

Die ältesten Handschriften, die den griechischen Originaltext von
Joseph und Aseneth überliefern, stammen aus dem 6. Jahrhundert n. Chr. Übersetzungen in Armenisch, Koptisch, Syrisch, Kirchenslavisch und Latein machen die ungebrochene Popularität des Romans deutlich. *Joseph und Aseneth* wurde aber schon viel früher verfasst. Wann genau, muss aus Indizien gefolgert werden.

Die Sprache des Romans entspricht der Septuaginta, der griechischen Übersetzung des Alten Testaments. Eine besondere Nähe besteht zur Übersetzung der Psalmen (Mitte des 2. Jahrhunderts v. Chr.), der Genesis und den Heldenerzählungen in den Büchern Daniel, Tobit und Ester. Wesentlich später als Mitte des 3. Jahrhunderts n. Chr. wiederum kann der Roman nicht verfasst worden sein, da sich in *Joseph und Aseneth* keine Auffälligkeiten in Grammatik und Wortschatz feststellen lassen, wie sie ab dem 4. Jahrhundert n. Chr. bei Stilimitationen älterer Sprachstufen des Griechischen zunehmend zu finden sind. So ist der Zeitrahmen, in dem der Roman entstand, aus sprachlichen Gründen auf die Zeit vom 2. Jahrhundert v. Chr. bis zur Mitte des 3. Jahrhunderts n. Chr. einzugrenzen. Dieser noch immer sehr lange Zeitraum lässt sich durch inhaltliche Aspekte weiter einschränken.

Mehrere Elemente legen nahe, dass die älteste Fassung des Romans in einem späthellenistischen jüdischen Umfeld entstand: Aseneths Angst, die Eifersucht des Gottes Israels herausgefordert zu haben (11,7); das Honigmotiv (Kapitel 16), das sonst nur aus dem Hohenlied bekannt ist (Hld 5,1); Gestaltungselemente, die sich ähnlich gehäuft nur im Buch Ester finden: die sieben Jungfrauen (Est 2,9); die Klage in Sack und Asche (Est 4,1); königliche Kleider und Diadem (Est 8,15); die Stola aus Byssosleinen (Est 6,8; 8,15); die Art der Polster, auf denen ein König liegt (Est 1,6). Aber auch Josephs betonte Abscheu vor der Unreinheit der Ägypter (7,1–5; 8,5–7) weist auf einen jüdischen Kontext der ältesten Redaktionsstufe des Romans. Die Forderung, nicht mit Nichtjuden zusammen zu essen, findet sich ähnlich vehement vertreten in den Büchern Daniel, Tobit und Judit (Dan 1,8–16; Tob 1,11–12; Jdt 12,1–4).

Die älteste Redaktionsstufe muss zudem zu einer Zeit entstanden sein, in der man Aseneths Konversion sowohl erwarten, als auch problemlos akzeptieren konnte. In Gen 41,44–45 ist es Joseph, der einen ägyptischen Namen erhält, bevor ihm Aseneth vom Pharao zur Frau gegeben wird. Joseph passt sich also der Lebenswelt seiner Partnerin an, nicht umgekehrt, wie vom Roman vertreten. *Joseph und Aseneth* lässt nur eine Konversion zu, nicht aber Ehen mit Frauen, die eine andere Religion als das Judentum praktizieren. Die Aseneth des Romans setzt sich damit auch von den nichtjüdischen Frauen Davids und Salomos ab sowie von Ester, die einen nichtjüdischen Mann, wenn auch chaldäischen König, heiraten kann.

Stattdessen kehrt der Roman zurück zu Gen 26,34–35 und 28,1–2, wo Isaak seinen Sohn Esau kritisiert für dessen Ehen mit nichtjüdischen Frauen und seinen Sohn Jakob auffordert, eine Frau aus demselben Stamm zu wählen, dem er angehört. Dem väterlichen Gebot folgend geht Jakob zu Laban, einem Bruder seiner Mutter Rebekka, und nimmt dessen Töchter Lea und Rahel zu Hauptfrauen (Gen 29). *Joseph und Aseneth* betont, dass es „ein Gräuel ist vor dem Herrn", wenn Juden und Fremde sich mischen, sei es bei Tisch, sei es in der Ehe (7,1; 8,7).

Anderseits folgt die älteste Fassung von *Joseph und Aseneth* nicht der Tradition von Esra 9–10, wo eine Heirat mit fremden Frauen abgelehnt wird, auch wenn sie konvertieren. Esra will sogar die Kinder vertrieben wissen, die Juden mit „fremden Frauen" haben, nicht nur deren Mütter (Esr 10,44). Für das Esra-Buch und die in seiner Tradition stehenden jüdischen Gemeinden bleibt Zugehörigkeit über Abstammung definiert, nicht über religiöse Praxis. Entsprechend finden sich im gesamten Buch Esra Namenslisten derjenigen, die die mosaischen Gebote gehalten haben oder nicht.

Die Kritik in Nehemia 13,23–30 zielt auf den sozialen und kulturellen sowie auf den religiösen Aspekt. So kritisiert Neh 13,24 die nichtjüdische Sprache der Sprösslinge, und Neh 13,27 bezeichnet Mischehen als Treuebruch gegen Gott, ohne allerdings zu definieren, ob als Mischehen nur Ehen zwischen Juden und Nichtjuden, oder auch Ehen zwischen Juden und Konvertierten anzusehen sind.

So ist die älteste Fassung von *Joseph und Aseneth* in einem jüdischen Milieu der Zeit um 250 v. Chr. bis spätestens um 100 n. Chr. zu verorten, das sich mit der Notwendigkeit von Konversion und Einbindung von Proselyten in jüdische Gemeinden auseinandersetzen musste, aber nicht eine Position grundsätzlicher Abwehr einnahm.

Eine erste Bearbeitung dieses Werkes stammt aus einem christlichen Umfeld. Sie kann aus sprachlichen Gründen nicht später als im 2. Jahrhundert n. Chr. entstanden sein und fügt den zweiten Teil des Romans mit seiner stark ethischen Ausrichtung hinzu. Der bearbeitete Text hält weiterhin fest an einer Konversion Aseneths, die durch Beachtung einer bestimmten religiösen Praxis definiert ist. Das Hauptmotiv des zweiten Teils, Vergebung und Feindesliebe, hier ausgedrückt in der Aufforderung, den Sohn des Pharao zu verarzten und zu seinem Vater zurückzubringen (29,3–6), dürfte jedoch christlichen Ursprungs sein (vgl. Mt 5,43–47), ebenso der eucharistische Charakter der Speisen, die Aseneth als Zeichen ihrer Konversion isst (16,16).

Nach der Überarbeitung kann *Joseph und Aseneth* nicht länger ausschließlich als Rechtfertigungsschrift für die Akzeptanz von jüdischen Proselyten gelesen werden. Vielmehr geht es um eine ethische Haltung, die von allen Juden und Christen gefordert wird, unabhängig davon, ob sie konvertierten oder nicht.

Eine zweite Bearbeitung von *Joseph und Aseneth* fällt in das 3. bis 5. Jahrhundert n. Chr. Die Gestaltung der Wohnung Aseneths ähnelt spätantiken beziehungsweise frühbyzantinischen Kaiserpalästen (2,2; 13,6). Spätantiken Interessen und Schwerpunktsetzungen entsprechen auch die ausgeprägte Engelmystik und die für Joseph übernommene Helios-Ikonographie.

In Gen 41,42–43 erfahren wir nur, dass Joseph vom Pharao reiche Kleidung erhielt und auf dessen zweitem Wagen fahren durfte. In 5,4–5 hingegen wird Joseph, als er auf seinem Wagen das erste Mal bei Pentephres einfährt, folgendermaßen beschrieben: „Joseph kam heran, wobei er auf dem zweiten Wagen des Pharao stand, und die vier Pferde waren weiß wie Schnee, mit goldenem Zaumzeug aneinander gespannt, und der ganze Wagen war aus Gold gefertigt. Und Joseph war in ein weißes, ausgezeichnetes Untergewand gehüllt, sein Obergewand, das um ihn herumgelegt war, war purpurn, von golddurchwirktem Leinen aus Byssos, und ein goldener Kranz war auf seinem Kopf. Auf dem Reif des Kranzes waren zwölf erlesene Steine angebracht und auf den Steinen waren zwölf goldene Strahlen. Er hielt einen königlichen Stab in seiner linken Hand und in seiner rechten Hand hielt er einen Olivenzweig mit einer Vielzahl Früchte daran und in den Früchten war viel Öl." Auch Helios trägt seit Texten der frühen Kaiserzeit einen Kranz auf dem Kopf, von dem Strahlen abgehen (Ovid, *Metamorphosen* 2,40–41; 124; Proklos, *Hymnen* 1,1; 1,33). Bei Homer hingegen „blickt der leuchtende Helios herab mit seinen Strahlen", wenn er am Himmel seine Bahnen zieht (Homer, *Odyssee* 11,16) – das Strahlen geht in Homers Text von den Augen aus. Licht, das von den Augen ausgeht, ist bei Apollonios Rhodios, der im 3. Jahrhundert v. Chr. schrieb, ein Erkennungsmerkmal für Helios' Kinder (*Argonautica* 4,727–729). Da das Strahlen in 5,5 von Josephs Krone ausgeht, dürfte *Joseph und Aseneth* dieses Detail aus der Tradition frühkaiserzeitlicher Texte übernommen haben.

Weil auch spätantike Mosaike einen jugendlichen Helios mit einem Kranz zeigen, von dessen Steinen Strahlen abgehen wie bei Joseph in 5,5, und manche dieser Mosaike auf dem Boden von Synagogen zu finden sind, die teils noch auf das 6. Jahrhundert datieren (Beth Alpha und Isfiya), ist jedoch auch denkbar, dass *Joseph und Aseneth* dieses Detail von Mosaikdarstellungen des Helios übernommen hat. Das Mosaik der Synagoge in Hammath Tiberias, das auf das 3. oder 4. Jahrhundert datiert wird, zeigt Helios mit einem weißen Untergewand und Purpurumhang, wie ihn auch Joseph trägt. Dies dürfte auf dieselben Traditionen zurückgehen, die Ovid nutzte, der Helios ebenfalls in Purpur kleidet (Ovid, *Metamorphosen* 2,23). Dass Josephs Leinengewand eines aus Byssos ist, ist wiederum aus Gen 41,42 übernommen. Weiße Pferde kennt ein Mosaik in Beth Alpha für Helios, das auf das 6. Jahrhundert datiert wird. Auch in *Joseph und Aseneth* sind die Pferde von weißer Farbe, was eine Zufügung darstellt, denn aus Ovid und Proklos ist nur zu erfahren, dass Helios' goldener Wagen von vier mit Gold gezäumten Pferde gezogen wird – über deren Farbe wird nichts gesagt (Ovid, *Metamorphosen*, 2,107–110; 154; Proklos, *Hymnen* 1,11). Seit den rhodischen Silbermünzen aus hellenistischer Zeit wird Helios zudem oft bartlos dargestellt und mit offenen Locken, also jugendlich. Helios muss daher nicht notwendig als eine väterliche Figur wie bei Ovid aufgefasst werden. Auch Joseph wird vom Roman in Tradition der Genesis-Erzählung als jugendlicher Mann beschrieben.

So bleibt festzuhalten, dass die Darstellungen von Joseph und Helios nahezu identisch sind. Sie weichen einzig darin voneinander ab, dass Helios üblicherweise eine Gerte für die Pferde in der Hand hält, Joseph in 5,5 aber mit einem Königsstab und einem Oliven-zweig ausgestattet ist. Der Königsstab ergibt sich aus seiner Stellung als Stellvertreter des Pharao, der Olivenzweig ist ein Friedens- und Fruchtbarkeitssymbol.

Auch die Wunder, die der Engel tut, um Aseneth seine höhere Natur zu zeigen (16,16x–17,4; 17,8), dürften in dieser zweiten Bearbei-tungsstufe ausgebaut worden sein. Wundertätigkeit findet sich ab 200 n. Chr. vielfach in Texten, die pagane Weise herausstellen, und defi-niert geradezu denjenigen, der als Leitbild sittlicher Integrität die-nen soll, etwa Apollonios von Tyana (Philostrat, *Vita Apollonii/Das Leben des Apollonios von Tyana*) oder die neuplatonischen Theurgen aus Eunapius' *Vitae Sophistarum/Sophistenbiographien*. Doch gibt es auch biblische Vorbilder: Elias fährt mit einem Wagen in den Him-mel auf (2. Kön 2,11) und tut spektakuläre Wunder (1. Kön 17). Wun-der und eine Himmelfahrt werden auch für Jesus in den Evangelien bzw. in der Apostelgeschichte berichtet. Der Roman greift hier also ein Element auf, das einerseits im östlichen Kulturraum verankert ist, anderseits von griechischen Autoren seit der beginnenden Spät-antike vielfach übernommen und weiterverbreitet wurde.

Entstehungsort und kultureller Kontext

Der Abfassungsort der ältesten Textfassung von *Joseph und Aseneth* war wahrscheinlich Ägypten, möglicherweise die Stadt Alexandria. Dafür spricht, dass sich Bemerkungen zur ägyptischen Theologie zahlreich in den *Aigyptiakai/Beschreibungen Ägyptens* alexandri-nischer Autoren des 1. Jahrhunderts n. Chr. finden, aber kaum bei Autoren aus anderen Regionen des Römischen Reiches.[1] Elemente der ägyptischen Theologie finden sich auch im ersten Teil von *Joseph und Aseneth*. So wird in 12,9 der Gott Mahes als Gegenpart des biblischen Gottes dargestellt. Die Stadt Heliopolis, die als Ort des Geschehens von der biblischen Josephsgeschichte vorgegeben ist, wird im Roman auch in ihrer Bedeutung für die altägyptische Theo-logie erfasst. Und die demotischen Bedeutungen der Namen der Pro-

---

1   Plutarchs *De Isis et Osiris/Über Isis und Osiris* ist eher als Ausnahme anzu-sehen.

tagonisten werden zu gestalterischen Grundkonstanten des Romans ausgebaut (vgl. unten die Abschnitte zur Konversion und zu den Namen). Da dieser Roman für ein breites Publikum geschrieben war, das eher selten den Leserkreis solcher *Aigyptiakai* ausmachte, dürfte die ägyptische Religion dem Publikum von *Joseph und Aseneth* aus dessen täglichem Umfeld vertraut gewesen sein.

Zweitens spricht dafür, die Ursprungsfassung von *Joseph und Aseneth* in Alexandria bzw. Ägypten zu verorten, dass ausgerechnet Aseneth im Mittelpunkt der Erzählung steht. Sie ist neben der Moabiterin Rut die einzige nichtjüdische Frauengestalt der mythischen jüdischen Frühzeit, die eine solche Einzelerzählung erhielt. Das Buch Rut wurde in die Hebräische Bibel und in die Septuaginta aufgenommen. Aseneth wurde erst später und durch den vorliegenden Roman herausgehoben. Ihre lokale Bindung wird dazu beigetragen haben.

Zum dritten spricht für diesen Abfassungsort, dass es in Alexandria eine große und bedeutende jüdische Gemeinde gab, die, mit Steuer- und Rechtsprivilegien ausgestattet, zwischen dem frühen 3. Jahrhundert v. Chr. und 117 n. Chr. (der Ausweisung der alexandrinischen Juden nach einem Aufstand) im engen Austausch mit der griechischen und ägyptischen Umwelt stand. Die größten Konflikte, aber auch das kulturell am meisten bereichernde Zusammenleben zwischen Juden, paganen Gruppen und, ab dem 2. Jahrhundert, auch Christen, lassen sich für das kaiserzeitliche Alexandria belegen. Die Frage, welche Stellung Proselyten in der Gemeinde einnehmen sollten, hatte hier also eine hohe lebenspraktische Bedeutung, sogar noch mehr als in Judäa.

Die beiden Bearbeitungen des Romans wurden an einem nicht näher zu bestimmenden Ort der östlichen Mittelmeerwelt vorgenommen. Diese ebenfalls in Alexandria oder Ägypten zu verorten, macht Aseneths Kleidung, die sie vor ihrer Bekehrung trägt, unwahrscheinlich. In 3,6 tut sie „Armbänder an die Hände und an ihre Beine" und „eine goldene Hose von der Art, wie sie die Perser tragen, war bis um ihre Füße geschlungen". Eine solche Hose ist aus Reliefs kommagenischer Könige in der heutigen Osttürkei, aber auch aus Darstellungen von Persern bekannt, die jeweils von der hellenistischen Zeit bis in die ersten beiden christlichen Jahrhunderte zu datieren sind.

Neben besagten persischen Hosen setzt Aseneth in 3,6 „eine Tiara auf ihren Kopf", „ein Diadem war um ihre Schläfen geschlungen, und mit einem Schleier verhüllte sie ihren Kopf", wobei die *tiara* aus 3,6 und 13,5 in 10,10–11 variiert wird zu einer *kidaris,* einem Turban. Eine *kidaris* als Kopfbedeckung ist aus Darstellungen persischer Könige bekannt, etwa aus dem Alexandermosaik, das in Pompeji in der Casa del Fauno gefunden wurde und ein späthellenistisches Gemälde zur Vorlage hatte. Eine Tiara findet sich für Frauen einzig auf spätantiken Reliefs aus Palmyra, dort ebenfalls mit einem Schleier kombiniert. Ein Schleier wird von griechischen und römischen Frauen ohne weitere Kopfbedeckungen darunter getragen.

Ein Diadem ist ein schmales Metallband, das um den Kopf gelegt wird. Ausschließlich hellenistische Könige und Königinnen tragen es, letztere unter einem Schleier. In deren Tradition tragen auch römische Kaiser ein Diadem auf ihren Münzportraits. Es findet sich aber nie bei Kaiserinnen, erst recht nicht bei anderen Frauen. Folglich sind alle drei Kopfbedeckungen Aseneths seit der späthellenistischen Zeit im Osten der Mittelmeerwelt zu finden. Die Kombination von *kidaris* und Schleier findet sich für Frauen jedoch nur im spätantiken Palmyra, das Diadem wiederum nur für Frauen, die Königinnen der hellenistischen Reiche im Osten sind. Man kann also vermuten, dass *kidaris* und Schleier der schon in der Anfangsfassung vorhandenen Kombination von Diadem und Schleider hinzugefügt wurden, und zwar wahrscheinlich in der zweiten Bearbeitungsstufe des Romans, als Kriege zwischen dem Römischen Reich und Parthien sowie Kriege um und mit Palmyra immer häufiger wurden.

Festzuhalten bleibt, dass die Kleidung Aseneths eine auffällige Mischung von Kleidungsstilen ist. Keiner von ihnen ist jedoch ägyptisch (dies wäre ein sehr leichtes Gewand, das unter der Brust geschlossen wird, wie es auf vielen Pyramidenreliefs und Statuen dargestellt ist, dazu ein breiter Halsschmuck, der noch die Schultern bedeckt). Wenn aber beide Bearbeitungen in einem Kontext entstanden, für den das Symbol äußerster Fremdheit Parthien und der parthische Einflussbereich war, scheidet Alexandria oder Ägypten als Entstehungsort der beiden Bearbeitungsstufen aus.

Antik-jüdisch wie griechisch-römisch ist die Art des Trauergewands, das Aseneth trägt, und die Form des Trauerns, die beschrieben wird in 13,3–6 und 14,12–14: schwarzes Untergewand, Sackleinen als Obergewand, Asche auf dem Kopf, das Auflösen der Frisur und offene Tragen des Haares. Die Asche und das Zerreißen der Gewänder finden sich wiederholt auch in alttestamentlichen Prophetenbüchern und Ester. Die deutlichste Parallele bietet aber Buch Judit: Auch Judit kleidet sich erst in ein Bußgewand, bevor sie, mit Asche auf dem Haupt, vor Gott tritt, um ihn in einem langen Bußgebet um Hilfe gegen Holofernes anzuflehen (Jdt 9,1–15). Auch Judit wechselt nach dem Bußgebet in ihre kostbarsten Kleider, wäscht, salbt und schmückt sich bevor sie ihre Mission antritt, wobei auch ihr die Gnade Gottes noch überirdische Schönheit zugibt (Jdt 10,1–5).

Das „Obergewand von (…) golddurchwirktem Leinen aus Byssos" (3,6), das Aseneth trägt, ist teils in einem römisch-griechischen Kontext zu verorten, teils durch Buch Ester vorgegeben. Dort dienen Gewänder aus Byssos als Symbol für besonders reiche Kleidung (Est 6,8; 8,15). Allerdings tragen die dortigen Figuren keine hyazinthfarbigen Gewänder. Einen *krokopeplos*, ein krokusfarbenes Übergewand, trägt jedoch seit Homers *Ilias* die griechische Göttin der Morgenröte, Eos. Wir haben es hier also zusätzlich mit einer Anlehnung an das populärste Epos der griechischen Literatur zu tun.

Im offenen Gegensatz zu dem in Ägypten Üblichen steht, dass Aseneth im Obergemach des Hauses lebt, abgeschieden von der Öffentlichkeit und nur in Gesellschaft ihrer Ziehschwestern. Im klassischen Griechenland verlässt ein Mädchen nicht das Haus ihrer Eltern und leben Frauen generell zurückgezogen im ersten Stock des Hauses. Auch ein griechisch-römisches Mädchen der Kaiserzeit zeigt sich vor der Heirat nur selten außer Haus. Die Abgeschiedenheit jüdischer Mädchen fordert Dtn 22,20–29; 2. Makk 3,19; 3. Makk 1,18; 4. Makk 18,7; Sir 42,11; Philo, *In Flaccum/Gegen Flaccus* 89; *De specialibus legibus/ Über die Einzelgesetze* 3,169. Judit lebt eingeschlossen zusammen mit ihren Mägden in einem gesonderten Raum oben in ihrem Haus, was als Beweis ihrer moralischen Vorzüglichkeit gewertet wird (Jdt 8,5–7). Diese sehr zurückgezogene Lebensweise galt jedoch nicht für Ägypterinnen: Herodot berichtet von ihnen als ganz normalem Teil der städtischen oder ländlichen Öffentlichkeit, und auch späthellenistische und kaiserzeitliche Papyri schildern, wie sich junge ägyptische Frauen in der Öffentlichkeit frei bewegen. Wie ihre Kleidung wird also auch Aseneths Lebensweise, da sie als Leitbild für jüdische bzw. christliche Frauen der griechisch-römischen Welt dienen soll, an eine jenen entsprechende, nichtägyptische Lebensweise angepasst.

Der literarische und intellektuelle Kontext

Gen 41,37–46.50–52 und 46,20 ist, von wenigen Anspielungen abgesehen, alles, was die biblische Josephsnovelle als Hintergrund für die in *Joseph und Aseneth* erzählte Geschichte bereithält. Aseneth wird dort als „die Tochter Pentephres, des Priesters zu On" erwähnt (Gen 41,45; 50; 46,20), die der Pharao Joseph zur Frau gegeben habe, als er Minister und zweiter Mann im Staat war (Gen 41,45). Wir erfahren, dass sie Joseph zwei Söhne gebar noch bevor die Hungerzeit kam, Ephraim und Manasse, und zwar in Ägypten (Gen 41,50; 46,20).

Spätere Zeugnisse zu Aseneth gehen nicht über diese wenigen Informationen hinaus. Philo schreibt zwar eine große Joseph-Biographie, mit der er den Sohn Jakobs neben zwei andere große Gestalten der mythischen jüdischen Frühzeit stellt, Abraham und Moses. In den Biographien zu Abraham *(De Abrahamo),* Moses *(De vita Mosis)* und Joseph *(De Iosepho)* diskutiert Philo ausführlich, wie Erkenntnis Gottes erreicht werden kann und wie sie in der praktischen Lebensführung, insbesondere von denjenigen, die für ihr Gemeinwesen tätig sind, umzusetzen ist. Abraham dient Philo als Leitbild für Weisheit und Gotteserkenntnis, Moses wird zum Symbol des Gesetzgebers, Anführers, Priesters und Propheten schlechthin, während Joseph für Philo das Ideal des Staatsmannes ist.[2] Damit betont Philo einen Aspekt der Josephsfigur, den auch *Joseph und Aseneth* heraushebt. Philo erwähnt Aseneth aber nur kurz und ausschließlich das, was im Buch Genesis über sie mitgeteilt wird.

Flavius Josephus, ein anderer jüdischer Autor, der im 1. Jahrhundert n. Chr. über die Geschichte seines Volkes schrieb, lässt Aseneth unbeachtet, ebenso christliche Autoren des zweiten nachchristlichen

---

2   Philos Schrift über Joseph wird demnächst in der Übersetzung von Bernhard Lang in der „Kleinen Bibliothek" erscheinen.

Jahrhunderts, etwa Clemens von Alexandria, bei dem sich sonst eine Fülle auch sehr spezieller Notizen findet, und die frühchristlichen Apologeten. So konnten der oder die Verfasser von *Joseph und Aseneth* in der Darstellung der weiblichen Hauptfigur auf keine direkten Vorlagen zurückgreifen.

Allerdings gibt es Vorbilder für die literarische Form, die der Roman wählt. So vereinen sich in *Joseph und Aseneth* die jüdische Novelle, wie sie in der biblischen Josephserzählung sowie in den Büchern Ester, Judit und Tobit entwickelt wurde, der griechische Weisheitsroman, wie er in der anonymen Erzählung vom Philosophen Secundus (2. Jahrhundert n. Chr.) oder in Heliodors *Aithiopika/Äthiopische Geschichte* (3./4. Jahrhundert) vorliegt, und Elemente des griechischen Liebesromans, wie er ab dem 1. Jahrhundert n. Chr. populär wurde, etwa Charitons *Kallirhoe* (1. Jahrhundert) und Longos' *Daphnis und Chloe* (Ende des 2. Jahrhunderts).

Von der jüdischen Novelle unterscheidet sich *Joseph und Aseneth* nicht so sehr dadurch, dass eine Frauenfigur im Zentrum der Aufmerksamkeit steht – dies ist auch mit Ester und Judit gegeben. Aber die Hauptfigur Aseneth muss erst zum Judentum finden. Auch geht es bei Aseneth nicht um tätige Rettung des Volkes Israel, wie bei Ester oder Judit, sondern um den inneren Weg zu Gott. Mit dem Thema der Gottessuche und Bekehrung steht *Joseph und Aseneth* jüdischen Weisheitstexten wie den Büchern Daniel, Tobit und Jesus Sirach nahe. Wie in Sir 1,11–30 führt die Gottessuche auch bei Aseneth zu sittlicher Vorzüglichkeit im täglichen Leben. Mit der Frage, wie man als Privatperson ein einwandfreies Leben führt, rückt besonders der zweite Teil von *Joseph und Aseneth* in die Nähe des Buches Tobit, das genau um diese Frage kreist.

Den Joseph des Romans unterscheidet von den Figuren der antikjüdischen Heldenerzählungen, dass er nicht im Zentrum der Aufmerksamkeit steht. Joseph ist nur Auslöser der Bekehrung Aseneths, und im zweiten Teil sind es Josephs Brüder, die Aseneth verteidigen; er selbst tritt im Kampf nicht in Erscheinung.

Joseph und Aseneth unterscheidet sich aber auch von jüdischen Schriften, die ein stärker philosophisches als religiöses Interesse haben. Philo und Flavius Josephus, die Wert und Nutzen des Judentums gegenüber einem paganen griechischen Publikum diskutieren, behandeln die Frage der Gotteserkenntnis nicht um ihrer selbst willen, sondern versuchen dem Judentum innerhalb der griechisch-römischen Umwelt einen angemessenen Platz zuzuweisen. Der Roman *Joseph und Aseneth* verteidigt weniger eine bestimmte Haltung gegenüber Kritikern, sondern entwickelt Leitbilder jüdisch-christlicher Lebensweise.

Mit dem griechischen paganen Liebesroman teilt *Joseph und Aseneth* zahlreiche Gestaltungselemente: Schönheit und Keuschheit der Heldin (1,6; 4,7); anfängliche Abneigung der Liebenden gegen das andere Geschlecht (2,1); Liebe auf den ersten Blick (6,1); Abweisung konkurrierender Bewerber bzw. Bewerberinnen (1,6: Aseneth, die alle Bewerber abweist, 7,3: Joseph, dem es unangenehm ist, von den Ägypterinnen bedrängt zu werden); scheinbare Statusungleichheit als Hindernis einer Liebesbeziehung (4,10; 6,2: Joseph als „Sohn eines Hirten aus dem Land Kanaan"; 8,5: Aseneth als Priestertochter und „fremde Frau"); Bedrohung durch abgewiesene Bewerber, hier den Sohn des Pharao (23,1). Auf inhaltlicher Ebene ist *Joseph und Aseneth* und dem paganen griechischen Liebesroman gemeinsam, dass sie den hohen sozialen Status der Hauptfiguren betonen sowie das konservative Ethos, das im Text durch die Figuren des Liebespaars und ihren Umgang mit Widerständen vermittelt wird.

Auch die Enthaltsamkeit der Hauptfiguren vor der Ehe, wichtiges Element der paganen Liebesnovelle, findet sich in *Joseph und Aseneth*. Hier ist sie allerdings nicht einem den höheren Gesellschaftskreisen spezifischen Familienverständnis geschuldet, sondern sie ist aus der Genesis übernommen und geht mit Vorstellungen religiöser Reinheit einher.

Mit dem Weisheitsroman, wie er in der Spätantike populär wurde, verbindet *Joseph und Aseneth* die Suche nach dem höchsten Seienden und die Frage, wie Erkenntnis des höchsten Seienden in ethisch richtige Handlungen zu übersetzen ist.

Das früheste Beispiel eines solchen Romans ist der vom schweigsamen Philosophen Secundus aus dem 2. Jahrhundert n. Chr. Dieser bietet das Rollenmodel des Philosophen, der dank seiner sittlichen Integrität zum Staatslenker wird. Heliodors *Aithiopika* aus dem 3. oder 4. Jahrhundert wiederum entwirft mit der Figur des Calasiris den reinen Weisen, wobei Heliodor an seiner Figur Calasiris zwei Arten von Weisheit diskutiert: Weisheit im Sinne der halbmagischen Praktiken neuplatonischer Theurgie, und Weisheit im Sinne philosophischer Einsicht. Letztere gipfelt in einer ethischen Vorzüglichkeit, durch die jemand erst zur Staatsführung berechtigt ist.

Auch Joseph führt seine sittliche und religiöse Vorbildlichkeit auf den Thron der ägyptischen Könige, was umso bemerkenswerter ist, als das Element nicht aus der Genesis übernommen wird, sondern im Roman neu dazukommt. *Joseph und Aseneth* bewegt sich hier also auf einem ähnlichen Grund wie der *Secundus*-Roman. Beide Texte unterscheiden sich darin, dass in *Joseph und Aseneth* Erkenntnis des höchsten Seienden mit Erkenntnis Gottes zusammenfällt, und Gotteserkenntnis heißt in *Joseph und Aseneth* weder die Götter in die Welt hineinzwingen zu wollen wie im Fall der neuplatonischen Theurgen[3], noch ist sie das Ergebnis intellektueller Auseinandersetzung wie bei den stärker philosophisch orientierten jüdischen und christlichen Autoren seit Philo und Origenes. Es ist das unmittelbare und unreflektierte Erfahren der Präsenz Gottes im Leben der Protagonisten, das in *Joseph und Aseneth* zur Gotteserkenntnis führt.

Joseph und Aseneth unterscheidet sich von der *Aithiopika* Heliodors ferner dadurch, dass Ägypten weder als Land des ältesten Weisheitswissens positiv gewürdigt, noch als Land verpönt wird, das Scharlatane birgt, die vorgeben durch Totenbeschwörung die Zukunft weissagen zu können. Ägypten ist nicht einmal Symbol für das Körperliche, wie bei Philo, sondern es steht im Roman als Symbol für jeglichen Polytheismus, von dem *Joseph und Aseneth* in alttestamentlicher Tradition auffordert sich abzugrenzen.

---

3 Man kann zwei Hauptrichtungen der neuplatonischen Philosophie unterscheiden. Die eine Richtung ging Mitte des 3. Jahrhunderts von Plotin aus, der versuchte, durch intellektuelle Auseinandersetzung das höchste Seiende zu erkennen und in seine Nähe zu gelangen. Vertreter dieser Richtung denken das höchste Seiende abstrakt. Die andere Richtung des Neuplatonismus ging zwei Generationen später von Jamblich von Chalkis aus. Neuplatoniker seiner Richtung setzten das höchste Seiende mit den paganen Göttern gleich und wollten diese nicht nur intellektuell erfassen, sondern auch durch Riten und halbmagische Praktiken zwingen, zu den Menschen herabzusteigen. Solche Neuplatoniker bezeichnet man auch als Theurgen.

Weiterhin gibt es in *Joseph und Aseneth* keine philosophischen Motive, die Motor der Erzählung wären. In der *Aithiopika* ist es die Figur des Philosophen Calasiris, der die Liebenden ursächlich zusammenbringt. In *Joseph und Aseneth* ist das Zusammenkommen der Protagonisten teils abhängig von Aseneths Bereitschaft zur Konversion, teils vorherbestimmt (4,8; 15,6–9; 18,11; 19,5; 21,4; 21,20–21). Und nicht ein Weiser, ein Philosoph, ist Vermittler zwischen Göttlichem und Menschlichem, sondern ganz biblisch es ist ein Engel des Herrn, der Aseneth erscheint und ihr den Weg zu Gott ebnet, den einzuschlagen sie sich zuvor entschieden hatte.

Auch der Begriff von Weisheit ist verschieden, der in *Joseph und Aseneth* und den genannten Weisheitsromanen verhandelt wird. In der *Aithiopika* geht es um die philosophische höchste Erkenntnis und den Weg dahin. In *Joseph und Aseneth* steht die Einsicht, dass Gott der höchste Gott ist, allmächtig und eifersüchtig, gerade nicht am Ende der Entwicklung, sondern an ihrem Anfang – sie verursacht erst Aseneths Konversion. Nicht philosophische Spekulation, sondern die überwältigende Präsenz Gottes in Joseph macht Aseneth schlagartig die Überlegenheit des Gottes Israels offenbar („welcher Frau Schoß kann solches Licht gebären?", 6,4). Erkenntnis Gottes durch Anschauung seiner Schöpfung ist ein Element, das sich später in syrischen Texten zahlreich vertreten findet, am prominentesten wohl in Barhadbeschabbas *Ursachen der Gründung von Schulen* (Ende 6. Jahrhundert), doch entbehrt Barhadbeschabba das Moment schlagartiger Einsicht, die *Joseph und Aseneth* aus der Genesis übernimmt.

In diesem Weisheitsbegriff sowie in der strikten Ablehnung aller magischen und halbmagischen Praktiken entspricht *Joseph und Aseneth* den Haltungen der Septuaginta. In der *Aithiopika* dagegen lehnt Calasiris die Teilnahme an magischen Ritualen ab mit Verweis auf seinen Status als Philosoph und Weiser (Aithiopika 6,14,7). Die Zaubermittel selbst werden aber als selbstverständliches Mittel gegen Liebeskummer in den Text aufgenommen und keineswegs als verdammungswürdig abgelehnt.

Zur Theologie

Der Gottesbegriff

Die längste Passage, in der sich die Verfasser von *Joseph und Aseneth* zu Gott äußern, ist Aseneths erstes Gebet an ihn. Darin wird er angesprochen als „Herr, Gott der Ewigkeiten, der du das Weltall geschaffen hast und lebendig machst, der du den Atem des Lebens allem von dir Geschaffenen gegeben hast, der du das Unsichtbare ans Licht gebracht hast, der du das Seiende und das Sichtbare aus dem Unsichtbaren und Nicht-Seienden gemacht hast, (…) du, Herr, hast gesprochen und alles wurde ins Leben gezeugt und dein Wort, Herr, ist Leben in allem, das du geschaffen hast" (12,1–2). Auch Joseph nennt ihn in seiner Segnung Aseneths den, „der das Weltall lebendig macht und die Dunkelheit vom Licht getrennt hat und den Irrtum von der Wahrheit und den Tod vom Leben" (8,9).

Wichtigstes Merkmal Gottes ist also, Schöpfer alles Seienden zu sein, derjenige, der „die ganze Schöpfung getan" hat (9,5), beginnend mit der materiellen Welt als solcher. Es ist eine Schöpfung aus dem Nichts, weshalb Gott selbst nicht geschaffen sein kann, sondern immer schon war. Er ist überzeitlich, und folglich nicht nur „Gott der Ewigkeiten" (12,1; 21,21), sondern sogar „König der Ewigkeiten" (16,16) – Herr der Zeit.

Gott macht aber nicht nur „das Weltall lebendig" (8,3; 8,9) und ist nicht nur ein „Gott des Lebens" (8,5; 8,6; 19,8; 21,15: „lebendiger Gott"), weil er alles Seiende geschaffen hat. Er ist es auch, weil er das Geschaffene nicht sich selbst überlässt, sondern seine Schöpfung begleitet. Er sichert und bewahrt das physische Leben seiner Schöpfung („Brot des Lebens": 8,5; 8,9; 15,5; 16,16; 19,5; 21,21), und er sorgt für ein Weiterleben der Gläubigen nach dem physischen Tod, zum einen ihrer Seelen („Kelch der Unsterblichkeit": 8,5; 15,5; 16,16), zum anderen ihrer Leiber nach dem jüngsten Gericht („Salbe der Unvergänglichkeit": 8,5; 15,5; 16,16). In diesem Sinn ist er ein „Gott, der die Toten lebendig macht" (20,7), und wenn der Engel zu Aseneth in 15,5 spricht: „von heute an wirst du neu gemacht und wiederhergestellt und wird dir neues Leben geschenkt werden", dann sind dies nicht nur dieselben Worte, mit denen Joseph sie segnet („forme sie neu mit deiner Hand im Geheimen und schenke ihr neues Leben", 8,9), sondern in der Konversion wird Aseneth zum zweiten Mal geschaffen, diesmal mit unvergänglichen Wesensteilen.

Aseneth nimmt ihren Gott beim Wort: Es sind auch dieselben Worte, mit denen Aseneth Gott auffordert, ihr gegen die Männer des Pharaosohns beizustehen. Ihre Anrede „Herr, mein Gott, der mir neues Leben geschenkt hat und aus dem Tod errettet hat, der zu mir gesagt hat: ‚In Ewigkeit wird deine Seele leben‘" (27,10), erinnert Gott an seine Verheißung ewigen Lebens, das mit der Konversion verbunden ist.

Gott ist aber nicht nur im geistlichen Sinn „ein Beschützer für die Verfolgten und eine Hilfe für die Bedrängten" (11,13; 12,13). Gott kämpft auf Seiten des Gläubigen durchaus handfest mit, hier, indem er die Schwerter aus den Händen der Verfolger Aseneths fallen lässt (25,6; 27,10–11).

Für die Menschen ist er ein personaler Gott („mein Gott": 13,12; 27,10; „dein Gott": 15,12), der den Taten der Menschen mit Interesse folgt. Die Brüder Josephs lehnen ab, den Sohn des Pharao in seinem Anschlag zu unterstützen, indem sie fragen: „Wie könnten wir diese schandhafte Sache tun und sündigen vor unserem Gott?" (23,11). Ihre Frage setzt sowohl ein tief verinnerlichtes sittliches Gefühl voraus, das an Gott gebunden ist, als auch einen Gott, dem es nicht gleichgültig ist, was seine Gläubigen außerhalb des Tempels tun – der also nicht den Ritus braucht, um Anteil an den Menschen zu nehmen. Er braucht aber auch keinen Ritus, um für die Menschen erreichbar zu sein. Als die Männer des Pharao Aseneth zu entführen drohen, braucht sie keinen Altar und keinen Opfergegenstand, sondern „sie rief den Namen des Herrn, ihres Gottes" (26,8), wie sie auch den „Namen Gottes nannte", als sie das erste Mal mit ihm in Kontakt tritt, um ihre Verfehlungen zu bekennen (11,15).

Gott ist der Barmherzige, der Schuld vergibt, sofern das Schuldbekenntnis mit Reue einhergeht (11,19–13,15). In seiner Milde ist er der „höchste Vater" (15,8) für die Gläubigen: „Denn wie ein kleines Kind, das sich fürchtet, zu seinem Vater flieht, und der Vater es mit seinen Händen aufhebt von der Erde und an seiner Brust birgt, und das kleine Kind seine Hände um den Nacken seines Vaters schließt und in seiner Furcht schwer atmet und an der Brust seines Vaters ausruht, der Vater aber über die Verwirrung seines Kleinen lächelt, so breite auch du, Herr, deine Hände aus zu mir und hebe mich von der Erde auf" (12,8). Das Kind wird hier mit dem griechischen Wort *paidion* bezeichnet, das sich an allen Stellen findet, in denen Aseneth Gott als ‚Kind' entgegentritt. Pentephres spricht sie dagegen durchgängig als sein *teknon*, sein leibliches Kind an. Das Griechische ist eigentlich weit offener in der Verwendung dieser Begriffe, in *Joseph und Aseneth* aber werden sie zur Unterscheidung zwischen verschiedenen Formen eines Vater-Kind-Verhältnisses gebraucht: Gott als ‚Vater' ist immer, und nur, Vater im geistlichen Sinn. Umgekehrt kann Pentephres dies eben nicht für Aseneth sein, sondern nie mehr als nur ein leiblicher Vater.

Gott ist ein „Gott der Wahrheit und ein Gott des Lebens, ein Gott der Barmherzigkeit und des Mitgefühls, großmütig und vielerbarmend und nachsichtig, einer, der nicht die Sünden eines demütigen Menschen anrechnet und nicht einen gesetzlosen Menschen bedrängt, der durch den Augenblick seiner Verfehlung von sich selbst bedrängt wird" (11,10). Die letzte Zeile in 11,10 impliziert auch, dass er kein lascher Gott ist, der alles hinnimmt sobald der Mensch, beschämt, ertappt worden zu sein, eine halbherzige Geste in seine Richtung tut. Gott fordert vielmehr die tiefe Beschämung vor sich selbst, den Moment, in dem ein Mensch so gebeugt ist, dass er nicht mehr sehen kann, wie es irgend weitergehen soll. Diese selbstständige Schulderkenntnis und eine bis ins Elementare gehende Beschämung sind der Sündenvergebung durch Gott vorangestellt. In diesem Sinn trennt Gott „den Irrtum von der Wahrheit und den Tod vom Leben" (8,9). Er ist eben auch ein strafender Gott, wenn jemand seinen Geboten zuwiderhandelt trotz besseren Wissens (23,14).

Das betrifft nicht zuletzt das erste der zehn Gebote („Ich bin der Herr, dein Gott. (…) Du sollst keine anderen Götter haben neben mir", Ex 20,2; Dtn 5,6–7). Der Roman greift das Problem auf in der Feststellung, dass Gott „ein eifersüchtiger Gott ist und fürchterlich gegen alle, die fremde Götter anbeten" (11,7). In diesem Sinn ist auch Gottes häufigste Bezeichnung in *Joseph und Aseneth* einzuordnen, nämlich die als „höchster Gott" (8,2; 9,1; 11,7.17; 15,7.12; 17,6; 18,9; 19,5.8; 21,6.10.15.21; 22,8.13; 23,10). Das polytheistische Umfeld der Romanhandlung legt nahe, die Rangfolge der Götter, mit denen man es zu tun hat, deutlich anzusprechen und dem „Gott Josephs" den ihm gebührenden Platz einzuräumen. Er ist auch in diesem Sinn der „Gott des Himmels" (11,9; 18,11; 21,15), der über alle anderen Götter gesetzt ist.

Konversion

Gotteserkenntnis gipfelt in *Joseph und Aseneth* im Akt der Konversion, die über neun Kapitel hinweg dargestellt wird (9–17): Aseneth wirft die Götterbilder, die sie verehrte, und deren Opfergaben, von denen sie sich nährte, aus dem Fenster und beginnt sieben Tage der inneren Einkehr, zurückgezogen von Eltern und Ziehschwestern, in Trauerkleidern, auf einem Aschehaufen sitzend, ohne zu essen und zu trinken, ohne zu sprechen, in Selbstanklage, Trauer und Angst. Ein Engel erscheint ihr und wandelt sie von der Büßerin im Trauergewand in ein Kind des Gottes Israels (12,8.15).

Es ist nicht die philosophische Konversion, wie man sie in paganen Texten seit klassischer Zeit als festes Motiv findet und die u. a. Augustinus in seinen *Confessiones/Bekenntnissen* christlich neu fasst. Es ist auch nicht nur eine Konversion, die durch anderen Ritusvollzug, Bekenntnis zum Gott Israels und Einhalten der mosaischen Gebote gekennzeichnet ist. Nur im ersten Teil des Romans zielt die Konversion Aseneths auf eine geänderte religiöse Praxis.

Nach der Zufügung des zweiten Teils von *Joseph und Aseneth* in einer späteren Redaktionsstufe geht es auch um die innerlich verwandelte Haltung Aseneths zu ihren Mitmenschen. Das Mitgefühl, mit dem sie Dan und Gad anweist, sich im Schilf zu verbergen, um nicht von ihren Halbbrüdern getötet zu werden, wäre für die unbekehrte Aseneth der ersten Kapitel undenkbar, die in ihrem Hochmut kaum bereit ist, den Wünschen ihres Vaters zuzuhören und stattdessen das Unmögliche fordert, konkret: den Sohn des Pharao zum Ehemann, wissend, dass dies die Möglichkeiten ihrer sozialen Stellung weit übersteigt (1,9).

Motiviert ist Aseneths Konversion durch existenzielle Verunsicherung, die Angst vor einem Gott, der keine anderen Götter neben sich duldet und gegen dessen Forderungen Aseneth ihr Leben lang zuwidergehandelt hat. Diese Furcht vor dem Zorn Gottes ist umso begründeter, als Heliopolis in der altägyptischen Theologie der Ort ist, an dem zuerst die Urwasser wichen und die neun Schöpfergottheiten des altägyptischen Pantheon entstanden. Aus Atum, dem

Ur-Nichts und Lichtgott, gingen die zwei Götter Schu (Leben, Luft) und Tefnut (Wahrheit, Feuer) hervor. Sie erzeugten Keb (Erde) und Nut (Himmel), aus denen wiederum Osiris, Isis, Seth und Nephthys entstanden. Dies waren die neun Schöpfergottheiten des altägyptischen Pantheon, und diese wurden in Heliopolis seit der 5. Dynastie verehrt. Wenn Aseneth sich vor dem Gott Israels anklagt, ägyptischen „Götzen" gedient zu haben (10,13; 11,7–9; 11,16; 12,5; 13,11), geht es also nicht um irgendwelche randständigen Lokalgottheiten, sondern um die Hauptgottheiten und das dogmatische Zentrum der altägyptischen Religion, das noch älter ist als die Kulte in Theben oder Memphis. Der Weg zum jüdisch-christlichen Monotheismus ist exklusiv, die Religionen unvereinbar.

Mehrfach betont Aseneth, dass sie nur aus „mangelnder Erkenntnis" dem Gott Israels zuwidergehandelt habe. Zum einen rechtfertigt sie damit, dass sie die ägyptischen Götter verehrt hat (12,5; 13,11), zum zweiten, dass sie die abfälligen Bemerkungen über Josephs Herkunft und Sklavenzeit sowie dessen Untreue gegen seinen damaligen Besitzer geglaubt und weiterverbreitet hat, „weil ich nicht sah, dass er dein Sohn ist" (13,13; vgl. 6,7), und zum dritten, dass sie die göttliche Natur des Engels erst bei seinem Verschwinden im Wagen voll erkannte (17,10). In allen Fällen führte unzureichende Erkenntnis der Natur Gottes und der Natur der von ihm Begnadeten bzw. der von ihm geschaffenen Geistwesen zu einer falschen Handlung Aseneths, für die sie sich vor Gott schämt. Damit folgt *Joseph und Aseneth* den Prophetenbüchern der Septuaginta. Auch dort bewahrt Erkenntnis, und sei sie eine späte, vor der Strafe Gottes. Verweigerung, den Warnungen der Propheten zu folgen, rechtfertigt Strafe. In *Joseph und Aseneth* werden die verräterischen Halbbrüder, die Aseneth an den Sohn des Pharao ausliefern wollen, gerettet, als sie erkennen, dass Gott für Aseneth streitet (28,1; 28,10). Der Sohn des Pharao erkennt dies nicht und stirbt an seinen Verletzungen (29,7).

Ähnlichkeiten zur Philosophie Platos, wonach Menschen schlecht handeln, weil sie das Richtige noch nicht erkannt haben, sind nur struktureller Art. Auch bei Plato und anderen Philosophen ist es die Erkenntnis des Seins und der ersten Ursachen, die notwendig zur Einsicht führt, wie richtig zu handeln sei. Doch in *Joseph und Aseneth* ist es nicht philosophische Erkenntnis, sondern geistliche Einsicht, und steht Gotteserkenntnis nicht am Ende des Erkenntniswegs, sondern am Anfang. Zudem ist das richtige Handeln im Roman nicht abstrakt begründet durch Erkenntnis des sittlich Guten an sich, sondern ergibt sich ganz konkret aus der bewussten Bindung an Gott und freiwilliger Unterwerfung unter Gottes Ratschluss. Auch wenn ein Mensch nicht erkennt, warum etwas richtig sein soll, soll er es in *Joseph und Aseneth* dennoch tun, weil Gott es von ihm fordert. Die Brüder Josephs verzichten auf ihre Rache, weil Aseneth es von ihnen im Namen Gottes verlangt, nicht aber, weil sie eingesehen hätten, dass ihre Rachegelüste an sich falsch sind.

Auch wenn der Gläubige, hier Aseneth, den Weg zu Gott aus eigener Reue und freiem Willen zur Umkehr *(metanoia)* anstreben kann (und anstreben muss: der jüdisch-christliche Gott ist ein Gott der freien Entscheidung, nicht des Zwangs), kann der Gläubige ihn dennoch nicht aus eigener Kraft abschließen, sondern er ist abhängig vom Erbarmen Gottes. Erst der Engel, den Gott zu Aseneth schickt, schließt ihre Bekehrung ab. Ihr freier Wille endet vor Gott.

Nach der Bekehrung ist Aseneth eine „Tochter des Höchsten" (21,4), ebenso alle zukünftigen Proselyten (19,8). Das Bild des Gläubigen, der sich an Gott birgt wie ein Kind an seinem Vater (12,8), greift dies motivisch auf und wird in 22,9 wiederholt, wo Aseneth ihren Schwiegervater Jakob (= Israel) umarmt. Mit der Sohn- bzw. Tochterschaft vor Gott ist dabei für Joseph wie Aseneth keine wesensmäßige Nähe zu Gott ausgesagt, sondern eine Zurechnung unter das Volk Israel. Diese Zurechnung ist im Roman allein religiös definiert, weshalb Joseph, als er Aseneth segnet, sie auch unter das Bundesvolk *(laos)* gerechnet wissen will (8,9), nicht unter ein jüdisches *ethnos*. Gemeinsamkeit stiftet in *Joseph und Aseneth* der Bund Gottes mit Abraham und die Einhaltung der mosaischen Gebote, nicht ethnische Zugehörigkeit.

Lichtmetaphorik, Namen und Beinamen

Auf den Kontrast von Licht und Dunkelheit, Gotteserkenntnis und Suche nach Gott, Freiheit und In-sich-selbst-gesperrt-Sein, der sich im ersten Teil von *Joseph und Aseneth* entwickeln lässt, weisen bereits die Namen und Beinamen der Protagonisten hin.

Nähe zu Gott und Lichtmetaphorik begleiten Joseph durch den ganzen Roman. So wird Joseph schon als er das erste Mal zum Haus des Pentephres kommt mit Gott in Verbindung gebracht, indem Aseneth ihn aus dem „großen Fenster, das nach Osten blickte" sieht (5,2–4). An demselben Fenster begegnet Aseneth der Engel, der ihre Konversion abschließt. Der Engel entspricht genau Josephs äußerer Erscheinung (14,9) und fährt auf einem Viergespann in den Himmel auf, das jenem gleicht, mit dem Joseph in den Hof des Pentephres gelangt (5,4; 17,8). Josephs Erscheinungsbild auf diesem Wagen gleicht bis ins Detail dem des griechischen Sonnengottes Helios, wie es aus Bodenmosaiken bekannt ist (vgl. oben). Aseneth kommentiert Josephs Aussehen sogar unter Hinweis auf die Parallele („Und jetzt, sieh, die Sonne aus dem Himmel kommt zu uns in ihrem Wagen, kommt herein in unser Haus und scheint über uns wie das Licht auf die Erde", 6,2).

Mit den Elementen des Lichts wird nicht nur Joseph, sondern auch Pentephres durch seinen Individualnamen in Verbindung gebracht. Wörtlich übersetzt bedeutet ‚Pentephres' ‚den (der Sonnengott) Re gab'. In 1,3 ist zu erfahren, dass Pentephres als „der oberste aller Satrapen und Großen des Pharao" und Hoherpriester in Heliopolis eingesetzt ist durch den Pharao. Der Pharao ist zum einen König von Ägypten, zum anderen irdische Erscheinungsform des Sonnengottes Re. So ist Pentephres nicht nur ‚Geschenk des Sonnengottes', sondern auch Werkzeug des Sonnengottes in seiner irdischen Erscheinungsform, dem Pharao. Und wenn Pentephres in seiner priesterlichen Funktion den Sonnengott in dessen ältester und wichtigster Kultstätte, in Heliopolis, anbetet, so betet er damit auch den Pharao an. Zwar ist Pentephres eine positive Figur, weil er durch seinen Namen mit einem Sonnengott in Verbindung gebracht wird. Da er den falschen Gott anbetet, ist er für *Joseph und Aseneth* aber kein nachahmenswertes Vorbild.

Aseneth ist vor ihrer Bekehrung, übersetzt man ihren demotischen Namen wörtlich, entweder ‚die der Neith Zugehörige' (Aseneth) oder ‚die der Anat Zugehörige' (Asenath). Da im Griechischen bei der Wiedergabe nichtgriechischer Namen ‚e' oder ‚a' variieren kann, finden sich in Genesis und *Joseph und Aseneth* bzw. anderen griechischen Texten, die Aseneth erwähnen, beide Varianten ihres Namens (Aseneth und Asenath).

Anat ist eine ursprünglich semitische Göttin, die in Texten aus dem syrischen Ugarit die Urmutter ist, aus der alles Leben hervorgeht, sowie eine Liebesgöttin, die niemals ihren Status als Jungfrau verliert, auch dann nicht, als sie Geliebte aller semitischen Götter und Schwester-Gattin Baals geworden ist. Als ihr Bruder vom Unterweltsgott Mot getötet wird, befreit sie ihn aus der Unterwelt, indem sie Mot mit einer Sense zerstückelt. Ähnliches findet sich in der Isis-Mythologie, derzufolge Isis' Bruder-Gatte Osiris von Seth getötet und zerstückelt in den Nil geworfen wird. Isis setzt seine Teile wieder zusammen und erweckt ihn durch einen Zauber zu neuem Leben. Auch Aseneth musste um ihren Bruder trauern, kurz bevor sie Joseph kennenlernt (10,8).

Anat fand im Mittleren Reich ihren Weg nach Ägypten, wo sie Neith als Jagd- und Kriegsgöttin sowie als Hüterin der Streitwagen des Pharao ablöste. Im Pantheon des Neuen Reichs hat Neith die Rolle einer Schöpfer- und Muttergöttin. In den Pyramidentexten erscheint sie zudem als Mutter des Chnum, des widderköpfigen Fruchtbarkeitsgottes, und des Krokodilgottes Sobek, der im Neuen Reich zu Sobek-Re wird, einer weiteren Inkarnation des Sonnengottes. In ihrem Kult in Memphis ist Neith daher Beschützerin des Pharao. Ab dem Neuen Reich wird Neith wie Isis, Nephthys und Selket zusätzlich eine der vier Schutzgöttinnen der Toten.

Entsprechend dieser Nähe zu dunklen Elementen wird die Aseneth des Romans in der Nacht geboren, nicht am Tag, und mit ihr ihre Ziehschwestern, die „so außerordentlich schön waren wie die Sterne des Himmels" (2,6) – ein weiteres nächtliches Motiv. Auch Aseneths Charakter unterscheidet sich deutlich von Pentephres' grundsätzlicher Offenheit für Gott und andere Menschen, oder von der gottbegnadeten Fürsorge Josephs, da sie vor ihrer Konversion nicht zur Freude für andere lebt. Ihr Glanz ist vielleicht ein strahlender, aber auch ein kalter, der kein Leben hervorbringen kann.

Diese Zurechnung Aseneths zu dunklen Elementen wird erst überwunden durch ihre Konversion. Nach ihrer Bekehrung wird auch Aseneth mit Lichtmetaphorik beschrieben. So ist „(ihr Gesicht) wie die Sonne und ihre Augen wie ein aufgehender Morgenstern" (18,9) als sie auf Geheiß des Engels die Asche abwaschen will. In 20,6 wird sie als „eine Gestalt des Lichts" bezeichnet.

Nach ihrer Konversion erhält Aseneth einen neuen Namen, der ihr neues Wesen spiegelt und die Funktion anzeigt, die sie vor Gott und in der Geschichte des Volkes Israel erfüllen soll: ‚Stadt der Zuflucht' soll sie von da an genannt werden, „weil in dir viele fremde Völker zum Herrn, dem höchsten Gott, fliehen werden und von deinen Zinnen werden viele Bundesvölker bedeckt werden, die auf Gott den Herrn vertrauen" (15,7). Aseneth soll „wie eine Mutterstadt befestigt sein für alle, die sich zu dir flüchten im Namen Gottes" (16,16).

Josephs hebräischer Name bedeutet zunächst: ‚der, der hinzufügt' (Philo, *De mutatione nominum/Über den Wandel der Namen* 89). Der Name, den Joseph vom Pharao erhält, wird im griechischen Genesis-Text mit ‚Psonthomphanech' angegeben, was Philo mit ‚Mund, der urteilend antwortet' (*De mutatione nominum* 91) übersetzt, Flavius Josephus und Origenes aber mit ‚der, der Verborgenes offenbart' (Josephus, *Antiquitates/Altertümer* 2,6,1; Origenes, *Commentarius in Genesis/Kommentar zur Genesis* E 117). Im hebräischen Genesis-Text steht der Name ‚Zafenat Paneach', dessen demotische Vorlage wohl ‚Gott spricht: es (das Kind) möge leben' bedeutet. Doch unabhängig davon, welche Übersetzung man wählt: Mit dem Namenswechsel, den der Pharao veranlasst, ist auch ein Wechsel der Lebenswelt Josephs verbunden.

Josephs Söhne erhalten wiederum nicht ägyptische, sondern hebräische Namen: Manasse, „denn Gott (…) hat mich vergessen lassen all mein Unglück und mein ganzes Vaterhaus", und Ephraim, „denn Gott (…) hat mich wachsen lassen in dem Lande meines Elends" (41,51–52).

So bleibt festzuhalten, dass mit dem Namen ein Anspruch auf dessen Träger ausgedrückt ist, sei es, dass ein Gott durch den Namen Anspruch erhebt auf Aseneth, sei es, dass ein weltlicher Herrscher Anspruch erhebt auf den Nicht-Ägypter Joseph, sobald dieser in sein unmittelbares persönliches Umfeld rückt, oder sei es, dass ein Vater seine Söhne einem bestimmten Gott, hier dem biblischen Gott, anbefehlen will.

Anders als im Fall der Menschen bleiben die Namen Gottes und des Engels in *Joseph und Aseneth* verborgen. So weigert sich der Engel, Aseneth seinen Namen zu nennen, mit der Begründung: „Mein

Name in den Himmeln ist in das Buch des Höchsten geschrieben mit dem Finger Gottes, am Anfang des Buches, vor allen, denn ich bin der Oberste des Hauses des Höchsten. Alle Namen, die im Buch des Höchsten geschrieben sind, sind unaussprechlich, und dem Menschen kommt es weder zu ihn zu sprechen, noch zu hören in dieser Welt, weil jene Namen groß sind und wunderbar und außerordentlich lobenswert" (15,12x). Die Begründung, die der Engel Aseneth gibt, vertritt auch Philo hinsichtlich des Gottesnamens: Das Wesen Gottes ist so weit jenseits menschlicher Erkenntnisfähigkeit, dass von Menschen kein angemessener Name gefunden werden kann, Gott zu bezeichnen. Menschen können nur etwas finden, um ihn zu beschreiben, weshalb auch Gott dem Mose in Ex 3,15 angibt, er sei „der Gott Abrahams, Isaaks und Jakobs" (Philo, *De mutatione nominum* 11–14). Aus diesem Grund ist in *Joseph und Aseneth* von Gott als dem „Gott des Jakob" (8,9), dem „Gott meines Vaters Israel" (7,4; 8,9), dem „Gott des Joseph" (3,3; 6,7; 11,9; 21,4) oder dem „Gott der Hebräer" (11,10) die Rede bzw. vom „heiligen und furchtbaren Namen" Gottes (11,17).

Mit der korrekt gewählten Benennung ist ein Anspruch des Gläubigen auf Gott verbunden. Als sich Aseneth das erste Mal direkt an Gott wendet, wird explizit festgehalten: „obwohl sie sich fürchtete, öffnete sie ihren Mund und nannte den Namen Gottes" (11,15; vgl. 11,18–12,3). Noch bevor sie überhaupt ihr Anliegen formuliert, wird der Adressat klar definiert und dieser Adressat muss ihrem Gebet zumindest zuhören. Weil er dies aber muss, ist von seiner Seite eine Reaktion zu erwarten. Wie diese ausfallen wird, weiß Aseneth nicht. Daher ist sie in Sorge, etwas zu veranlassen, das sie beschädigt. Es ist ihr Vertrauen in die Barmherzigkeit Gottes, das sie dennoch seinen Namen anrufen lässt (11,18).

Ethik

Konversion endet in *Joseph und Aseneth* in einem ethischen Rigorismus, den der Proselyt hinfort anerkennen und dem er sich unterziehen muss. Die im Roman entwickelte Ethik bewegt sich dabei auf zwei Ebenen. Zum einen wird gefragt, nach welchen Maßgaben ein Individuum im Privatleben richtig handeln soll. Zum anderen wird diskutiert, was einen guten Staatsmann ausmacht, wie also individuelle Vorzüglichkeit für das Gemeinwesen einzusetzen ist.

Im Bereich der individuell richtigen Handlungsweise ist eine deutliche Entwicklung innerhalb des Romans zu bemerken. Im ersten, aus einem jüdischen Kontext stammenden Teil von *Joseph und Aseneth* fällt ethisch richtiges Handeln zusammen mit der Einhaltung der mosaischen Gebote. Hier ist nicht ein an den Grundüberzeugungen einer bestimmten Religion ausgerichtetes individuelles Gewissen gefordert, sondern die strikte Befolgung positiven Rechts.

Da die mosaischen Gebote als ihren Ursprung bei Gott habend gedacht werden, sind sie nicht hinterfragbar, weshalb im ersten Teil des Romans Gottesliebe als wichtigste menschliche Tugend bestimmt wird. Gottesliebe wird auch über Partnerliebe gestellt: Es ist gerade nicht die Liebe zu Joseph, die Aseneth zur Abkehr von ihren ägyptischen Göttern treibt, sondern die schlagartige Einsicht in die Überlegenheit des Gottes des Volkes Israel.

Entsprechend entwirft *Joseph und Aseneth* nicht eine weltliche Ehegemeinschaft, die auf legitime Nachkommen zielt und mit der Lebensspanne eines der Partner endet, sondern eine geistliche, die beide Partner noch über das Ende ihres irdischen Lebens hinaus verbindet: „Er (Joseph) wird dein Bräutigam sein und du seine Braut für alle Zeit" (15,9; vgl. 15,6; 19,5). Ihre Verbindung ist also nicht nur gottgewollt insofern, als ein Gott rettend eingreift und die Liebenden zusammenführt wie in manchen paganen griechischen Liebesromanen. Aseneth wird erst liebenswert für Joseph, als sie sich zu seinem Gott bekannt hat, und der Segen, den der Engel zu ihrer Ehe gibt, gilt nicht nur für ihre irdische Verbindung, sondern über ihren Tod hinaus.

Die Gewissensfrage, die sich im ersten Teil des Romans noch nicht stellt, wird im zweiten Teil aufgeworfen. Feindesliebe, zu der Aseneth die Brüder Josephs nach dem missglückten Anschlag des Pharaosohns auffordert, verweist den zweiten Teil des Romans eher in einen christlichen Kontext. Lieder wie Psalm 101, die auffordern, die Rache bei Gott zu lassen, bereiten diese Haltung vor. Die Aussage, dass der fromme Mann nicht „Schlechtes mit Schlechtem vergelten" solle (23,9; 28,3; 28,10–14; 29,3) findet sich ähnlich in Röm 12,17, 1. Thess 5,15 und 1. Petr 3,9.

Die zweite Ebene, auf der *Joseph und Aseneth* ethische Forderungen stellt, ist die der Staatsführung. *Joseph und Aseneth* ist nicht der einzige Text, der anhand der Figur des Joseph überlegt, wie ein Gemeinwesen richtig zu führen sei. Auch Philo diskutiert diese Frage in seiner Biographie *De Iosepho/Über Joseph*. Doch wo Philo sich an pagane Vorstellungen der griechisch-römischen Zeit anschließt, verbleibt *Joseph und Aseneth* in der alttestamentlichen Tradition.

Die Tugenden, die Joseph im Roman zugeschrieben werden, werden in 4,7 von Pentephres zusammengefasst: „Er (Joseph) ist der Oberste über das ganze Land Ägypten und der König Pharao hat ihn eingesetzt als Obersten über das ganze Land. Er ist der Retter und verantwortlich für die Kornversorgung der ganzen Erde und wird sie so retten vor dem drohenden Hunger. Joseph ist ein frommer Mann und maßvoll und jungfräulich wie du heute. Und Joseph ist ein fähiger Mann in Weisheit und Kenntnissen, der Geist Gottes ist in ihm und die Gnade des Herrn ist mit ihm." Josephs Tugenden sind also äußerlicher (das Ministeramt; die von ihm aufgebaute Kornversorgung des Landes), innerlicher (Mäßigung, Reinheit, Weisheit und Kenntnisse) und religiöser Art (die enge Bindung an Gott).

Der Katalog der Joseph zugeschriebenen Tugenden und Vermögen verbindet jüdisch-christliche und pagane Elemente. Selbstbeherrschung und Mäßigung sind zentrale Herrschertugenden vieler griechischer Autoren. Joseph ist in einer verantwortlichen Position für das Wohl der Bevölkerung zuständig und damit so erfolgreich, dass er mit dem Ehrentitel des „Retters" *(sotēr)* ausgezeichnet wird, den hellenistische Könige für sich, aber auch Christen für Jesus Christus beanspruchen. Joseph ist jungfräulich, eine Eigenschaft, die ihm schon Genesis zuspricht, um die Lauterkeit seines Wesens zu betonen, die aber auch die männlichen und weiblichen Protagonisten der paganen griechischen Romane kennzeichnet. Er ist fromm, wie alle Helden des Alten Testaments. Er hat sowohl die „Weisheit", also die Einsicht in das Wesen des Göttlichen wie sie Philosophen und antikjüdische Weisheitslehrer für sich beanspruchen, als auch „Kenntnisse", also Bildungs- und Sachkenntnisse eines Weltmenschen. Die Kombination von Weisheit und Kenntnissen wird in vielen griechischen philosophischen Texten für einen fähigen Regenten gefordert.

In *Joseph und Aseneth* berechtigen Joseph jedoch nicht Weisheit und Kenntnisse zur Herrschaft, sondern dass „der Geist Gottes in ihm und die Gnade des Herren mit ihm (ist)" (4,7), dass seine Weisheit also eine geistliche und keine philosophische ist. Mit dem Element der Gottbegnadung unterscheidet sich *Joseph und Aseneth* wesentlich von anderen Texten der Kaiserzeit. Erst der Geist Gottes, der durch Joseph wirkt, macht, dass er nicht nur ein „Mächtiger" *(dynatos)* ist, sondern „der in Gott Bevollmächtige" *(dynatos tou theou),* einer, der seine Macht allein von Gott bezieht (3,4; 4,7; 18,1–2; 21,21). Das unterscheidet ihn von Pentephres und den anderen Verwaltungsbeamten, den „Satrapen und Großen" in Ägypten (1,3.6; 7,3; 20,8), die ihre Macht ausschließlich dem Pharao verdanken.

Außer Joseph wird nur noch der Pharao als ein „Mächtiger" bezeichnet. Ähnlich wie die Macht Josephs in Gott gegründet ist, ist die Macht des Pharao gebunden an seine religiöse Funktion als Reinkarnation des Sonnengottes Re. Josephs Bezeichnung als „(erstgeborener) Sohn Gottes" (6,3; 6,5; 13,13; 18,11; 21,4; 23,10) entspricht damit dem Sakralkönigtum des Pharao. Pharao und Joseph unterscheidet jedoch, dass Joseph nur Werkzeug Gottes ist, um das Land vor der Hungersnot zu bewahren. Er ist keine Inkarnation eines Gottes wie der Pharao.

Dass letztlich der alttestamentliche und kein anderer Gott für die Einsetzung Josephs „als Obersten über das ganze Land Ägypten" verantwortlich ist (4,7), betont der Roman auch dadurch, dass in 4,7 vom „König Pharao" die Rede ist, der Joseph diesen Platz gegeben habe. Hier ist ‚Pharao' als Eigenname, nicht als Titel gebraucht, und wird entsprechend mit einem zusätzlichen Verweis auf seine Eigenschaft als Regent Ägyptens verbunden. Wenn der Pharao hier aber nur als Regent seines Landes angesprochen, also auf seine Funktion als *P'ao* (‚großes Haus') reduziert wird, wird seine Eigenschaft als Reinkarnation des Sonnengottes unterschlagen. So tilgt *Joseph und Aseneth* auch den geringsten Schatten eines Zweifels, dass der alttestamentliche Gott allein verantwortlich ist für Josephs Einsetzung.

Zudem ist im griechischen Text das Wort *archōn* gebraucht, um Joseph als „Obersten" über Ägypten zu bezeichnen. Dieses Wort gibt zunächst nur die Position als eine leitende an, setzt aber den Machtaspekt hintenan. Es unterstreicht zusätzlich, dass Josephs eigentliche Macht darin liegt, ein von Gott Gesegneter zu sein (8,2). Anders als die Amtsführung der „Satrapen und Großen" ist Josephs Amtsführung nicht durch Vorstellungen der ägyptischen Lebenswelt definiert, sondern seine Führungsqualitäten ergeben sich aus seiner Nähe zu Gott.

Einordnung der Figuren in die biblische Tradition

Neben der literarischen Weiterentwicklung der Aseneth-Figur aus Genesis, werden in *Joseph und Aseneth* nicht zuletzt Rollenmodelle des gläubigen Menschen diskutiert, wie sie alle biblischen Stammväter des Volkes Israel verkörpern.

Abraham dient Gott in absoluter Treue. Er fügt sich keinem Menschen, aber bedingungslos dem Urteil und der Bestimmung Gottes. Er tut das nicht in passiver Unterwerfung, sondern entscheidet sich aktiv für Gott. So ist Gott bereit, einen Bund mit ihm zu schließen, und macht er Abraham zum Stammvater aller Völker des Nahen Ostens.

Isaak bringt seine Sippe in das Land der Philister, als Fremdlinge, doch vom König geduldet und ausgezeichnet sobald jener Gottes Wirken in Isaak erkennt. Isaak muss danach suchen, wie er in fremdem Umfeld leben und zugleich seine Söhne Esau und Jakob im Glauben an Gott erziehen kann. Er tut dies im stillen Vertrauen auf Gott und in den Pfaden, die auch sein Vater Abraham zuvor betreten hatte. Er gibt ein Beispiel für die Frage, wie Gott die Treue auch in einem andersgläubigen oder gar ablehnenden Umfeld gehalten werden kann.

Jakob muss um alles in seinem Leben ringen: um die Liebe seines Vaters, um seine Frauen, um Erkenntnis Gottes. Er handelt mit Blick auf Gott, aber er führt sein Leben in Freiheit und Selbstbestimmung. Er ist der männlichste und unabhängigste der biblischen Stammväter, einer, der für sein Haus und die ihm Anvertrauten einsteht und sie deshalb mehren kann. Nicht dass er Enkel Abrahams ist, zeichnet Jakob aus, wie Isaak die Sohnschaft Abrahams auszeichnet, sondern Jakob ist ausgezeichnet durch sein Ringen um Gott und die Menschen, die ihm teuer sind. Isaak ist bereit, die Erlaubnis eines Philisters einzuholen, falls nötig. Aber dulden kann Jakob nur Gott über sich, und für sein alle Hindernisse überwindendes Ringen um Segen zeichnet Gott ihn aus, indem er Jakob am Jabbok einen neuen Namen gibt: Israel. Gott lässt Jakob alle Stämme des von ihm auserwählten Volkes hervorbringen, und Gott zeichnet ihn nochmals aus, indem er das von ihm erwählte Volk nach Jakob (= Israel) benennt.

In direktem Kontrast zu Jakob steht die Figur seines Sohns Joseph. Joseph wird immer alles geschenkt: die Liebe seines Vaters; die Liebe Gottes; die Nähe Gottes; seine Frau, der er sich nicht männlich gebend und werbend wie Jakob nähert, sondern die ihm in Genesis der Pharao, in *Joseph und Aseneth* Gott zuspricht. Er empfängt von Gott die Weisheit, die Träume des Pharao zu deuten. Er empfängt von Gott den Gleichmut, die Zeit im Kerker zu ertragen. Er empfängt von Gott das Ministeramt. Er ist Gott treu aus ererbter Religiosität. Er kommt über das Dekorative nicht hinaus, sei es ein bunter Mantel oder ein Ministeramt. In diesem aber wird er für andere zum Segen, weil auch er sich an Gott bindet und Gott durch sich handeln lässt.

Über Aseneth wird im Roman gesagt: „Sie hatte nichts gemeinsam mit den Töchtern der Ägypter, sondern sie war in allem den Töchtern der Hebräer ähnlich, sie war hochgewachsen wie Sara und reif wie Rebekka und schön wie Rahel." (1,5): wie Sara, die Frau Abrahams, wie Rebekka, die Frau Isaaks und Mutter Jakobs, wie Rahel, die geliebte zweite Hauptfrau Jakobs, Mutter Josephs und Benjamins. Aseneth wird so schon bei ihrer ersten Erwähnung in die Reihe der Stammmütter des Volkes Israel eingegliedert. Aseneth erkennt das Gute, Gottbegnadete in Joseph. Zuerst angstgetrieben, findet sie zuletzt, wie Jakob, die innere Stärke, um Gott und Erkenntnis Gottes zu ringen.

Zur Übersetzung

Die vorliegende Übersetzung wurde für diese Ausgabe neu erstellt. Textgrundlage ist Uta Barbara Fink (Hg.): Joseph und Aseneth. Revision des griechischen Textes und Edition der zweiten lateinischen Übersetzung, Berlin, New York 2008.

Die im Einleitungsteil und den Kommentaren verwendeten Bibelzitate sind der Lutherbibel in ihrer revidierten Fassung von 1984 entnommen.

Literatur

Christoph Burchard, Joseph und Aseneth, in: Jüdische Schriften aus hellenistisch-jüdischer Zeit. Band II/4, Gütersloh 1983.

Christoph Burchard (Hg.), Gesammelte Studien zu Joseph und Aseneth, hg. mit Unterstützung von Carsten Burfeind, Studia in Veteris Testamenti Pseudepigrapha 13, Leiden 1996.

Randall D. Chesnutt, From death to life. Conversion in Joseph and Aseneth, Sheffield 1995.

Michael Chyutin, Tendentious hagiographies. Jewish propagandistic fiction BCE, Library of Second Temple studies 77, London 2011.

Ross Shepard Kraemer, When Joseph met Aseneth. A late antique tale of the biblical patriarch and his Egyptian wife, New York 1998.

Eckart Reinmuth (Hg.), Joseph und Aseneth, SAPERE 15, Tübingen 2008.

Übersetzung

Aseneth

1,1. Und es geschah im ersten der sieben Jahre des Überflusses (vgl. Gen 41,1–36), am fünften Tag des zweiten Monats, dass der Pharao Joseph losschickte, um das ganze Land Ägypten zu durchreisen. 1,2. Und Joseph kam am 18. Tag des vierten Monats des ersten Jahres in das Gebiet von Heliopolis und sammelte das Korn jenes Gebietes ein, das wie der Sand des Meeres war (vgl. Gen 41,49). 1,3. In jener Stadt war ein Mann Satrap[4] des Pharao, der der oberste aller Satrapen und Großen des Pharao war. Dieser Mann war außerordentlich reich, weise und milde, und er war Berater des Pharao, denn er war unter allen Großen des Pharao der Verständigste. Der Name jenes Mannes war Pentephres und er war Hoherpriester von Heliopolis.

1,4. Er hatte eine jungfräuliche Tochter von 18 Jahren, hochgewachsen und reif und außerordentlich schön anzusehen, schöner als alle anderen Jungfrauen der Erde. 1,5. Sie hatte nichts gemeinsam mit den Töchtern der Ägypter, sondern sie war in allem den Töchtern der Hebräer ähnlich, sie war hochgewachsen wie Sara und reif wie Rebekka und schön wie Rahel. Der Name jener Jungfrau war Aseneth.

1,6. Das Gerücht ihrer Schönheit durcheilte jenes ganze Land, bis zum äußersten Ende der Erde. Und es bewarben sich um sie alle Söhne der Großen, die Söhne der Satrapen und die Söhne der Könige, alle Jünglinge und alle, die auf dem Höhepunkt ihres Lebens standen.[5] Es war ein großer Streit unter ihnen um Aseneth und alle strebten danach, einander zu bekämpfen um ihretwillen.

---

4   Ein Provinzstatthalter, ursprünglich für die Statthalter des Perserreichs gebraucht. Erst in *Joseph und Aseneth* ist Pentephres auch Satrap – in Gen 41,45; 50; 46,20 ist er nur als „Priester von On" (= Heliopolis) genannt.

5   Wörtlich „alle Fähigen", d. h. alle, die im Vollbesitz ihrer Kräfte und auf dem Höhepunkt ihrer Vermögen sind.

1,7. Es hörte von ihr auch der erstgeborene Sohn des Pharao und er bat seinen Vater, sie ihm als Frau zu überlassen. Und es sprach zu dem Pharao sein erstgeborener Sohn: „Gib mir, Vater, die Aseneth, die Tochter des Hohenpriesters von Heliopolis, Pentephres, zur Frau." 1,8. Aber sein Vater, der Pharao, antwortete ihm: „Warum suchst du dir eine geringere Frau als du es bist, wo du doch König des ganzen Landes Ägypten sein wirst? 1,9. Sieh, ist dir nicht die Tochter des Moabiterkönigs verlobt und ist sie nicht eine Königin und außerordentlich schön? Diese nimm dir zur Frau!"

2,1. Doch weil Aseneth alle Männer verachtete und mit Füßen trat, war sie vorlaut und unverschämt gegen alle Menschen. Kein Mann sah[6] sie jemals, weil sie in einem großen, außerordentlich hohen Turm lebte, der neben dem Haus des Pentephres lag.

Oben auf dem Turm war ein Obergemach, das zehn Kammern hatte. 2,2. Die erste Kammer war groß, wohl ausgestattet und mit purpurfarbenen Steinen ausgelegt, die Wände waren mit bunten und wertvollen Steinen besetzt und das Dach jener Kammer war ganz von Gold. 2,3. An die Wände jener Kammer waren alle Götter der Ägypter gestellt, golden und silbern, und sie waren nicht zu zählen. Und all jene verehrte Aseneth und fürchtete sie und opferte ihnen den ganzen Tag. 2,4. In der zweiten Kammer waren die Schmuckkisten Aseneths. Es war viel Gold darin und Silber, goldene Kleider und erlesene und prächtige Steine, feine Schleier und aller Schmuck jener Jungfrau. 2,5. Die dritte Kammer war die Speisekammer der Aseneth und sie enthielt alle Gaben der Erde. 2,6. Die übrigen sieben Kammern beherbergten sieben Jungfrauen und jede besaß eine Kammer für sich allein.[7] Alle bedienten Aseneth und waren gleichaltrig, da sie in derselben Nacht geboren waren wie Aseneth. Sie waren so außerordentlich schön wie die Sterne des Himmels, und es diente ihnen kein Mann, nicht einmal ein kleiner Junge.

---

6   „Sehen" (griechisch *horān*) im Sinn von ,erfassen, wer und was sie ist', nicht im Sinn des bloßen „Hinblickens" (griechisch *blepein*) zur Wahrnehmung ihrer äußeren Gestalt. Der Roman unterscheidet konsequent zwischen beiden Formen der Wahrnehmung, was in der Übersetzung beibehalten wird durch den jeweiligen Gebrauch der Verben ,sehen' und ,blicken' bzw. ,erblicken'.

7   Auch dies ist ein Zeichen des Reichtums; üblicherweise lebt man beengt in der Antike.

2,7. Und es gab drei Fenster in der großen Kammer der Aseneth, in der die Jungfrau aß. Es gab ein erstes, außerordentlich großes Fenster, das über den Innenhof nach Osten hin blickte, ein zweites, das nach Süden hin blickte, und ein drittes, das nach Norden auf die Straße hin blickte, die vorbeiführte. 2,8. Und es stand eine goldene Liege in der Kammer, deren Fenster nach Osten hin blickte. Die Liege war bedeckt mit Polstern, purpurn und golden, gewebt aus hyzinth-farbigem und purpurnem Leinen aus Byssos. 2,9. Auf dieser Liege saß allein Aseneth und kein Mann und keine Frau saß darauf außer ihr.

2,10. Ein großer Innenhof lag nahe um jenes Haus herum, und den Innenhof umschloss eine außerordentlich hohe Mauer, die aus großen Quadersteinen gebaut war. 2,11. Vier Tore gab es in dem Innenhof, die mit Eisen beschlagen waren, und auf diesen wachten 18 Männer, fähige, bewaffnete Jünglinge. Und es gab Bäume, die ent-lang der ganzen Mauer des Innenhofes wuchsen, alle reife und ver-schiedenartige Frucht tragend. Der ganze Garten war lieblich durch sie, denn es war Erntezeit. 2,12. Zur Rechten des Innenhofes floss eine wasserreiche Quelle, und unter der Quelle war eine Kelter, die viel von jenem Quellwasser aufnahm und von der sich ein Strom ergoss durch die Mitte des Innenhofes und alle Bäume in jenem Innenhof bewässerte.

Joseph

3,1. Und es geschah am 28. Tag des vierten Monats im ersten der sie-ben Jahre des Überflusses, dass Joseph in die Gegend von Heliopolis kam, um das Getreide der sieben Jahre des Überflusses zusammen-zutragen, das in jener Gegend wuchs. 3,2. Wie Joseph sich jener Stadt näherte, schickte er zwölf Männer vor sich her zu Pentephres dem Hohenpriester und ließ ihm sagen: „Bei dir will ich heute ausspan-nen, da es die Stunde des Mittags ist und Essenszeit und eine große Hitze der Sonne. Deshalb will ich Abkühlung suchen im Schatten deines Hauses."

3,3. Als Pentephres das gehört hatte, freute er sich außerordent-lich und sagte: „Gepriesen sei der Herr, der Gott des Joseph, dass der Herr Joseph mich für würdig hält, als erstes zu mir zu kommen." 3,4. Und Pentephres rief sein ganzes Haus zusammen und sagte zu ihnen[8]: „Eilt, richtet mein Haus her und bereitet ein großes Mahl[9], denn Joseph, der in Gott Bevollmächtigte, kommt heute zu uns."

3,4. Aseneth hörte, dass ihr Vater und ihre Mutter vom Erbgut[10] zurückgekommen waren, freute sich und sagte: „Ich will hingehen und meinen Vater und meine Mutter sehen, die von unserem Erbgut zurückgekommen sind", denn es war gerade Erntezeit. 3,6. Und Aseneth eilte, zog ein Obergewand an von hyazinthfarbigem und golddurchwirktem Leinen aus Byssos und gürtete sich mit einem goldenen Gürtel. Und sie tat Armbänder an die Hände und an ihre Beine, und eine goldene Hose von der Art, wie sie die Perser tragen, war bis um ihre Füße geschlungen. Um ihren Hals tat sie kostbaren Schmuck und prächtige Steine, die darin überall eingearbeitet waren. Die Namen der ägyptischen Götter waren überall eingraviert auf den Armbändern und auf den Steinen, und die Gesichter aller Götzen waren auf ihnen abgebildet. Und sie tat eine Tiara auf ihren Kopf und ein Diadem war um ihre Schläfen geschlungen und mit einem Schleier verhüllte sie ihren Kopf.

4,1. Sie eilte, stieg die Treppe herunter aus dem Obergemach, kam zu ihrem Vater und der Mutter und begrüßte sie, und sie küssten sich herzlich. Pentephres und seine Frau freuten sich sehr über ihre Tochter, da sie sie geschmückt sahen wie eine Braut Gottes. 4,2. Sie holten alle Gaben hervor, die sie vom Acker ihres Erbguts mitgebracht hatten, und gaben sie ihrer Tochter. Und Aseneth freute sich über alle Gaben: über die Sommerfrüchte und die Trauben, über die Datteln und die Haustauben, über die Granatäpfel und die Feigen, da sie alle reif waren.

4,3. Pentephres sprach zu seiner Tochter Aseneth: „Mein Kind." Und sie sagte: „Hier bin ich, Herr!" 4,4. Er sagte zu ihr: „Setze dich zwischen uns, denn zu dir will ich meine Worte sprechen." 4,5. Und Aseneth setzte sich zwischen ihren Vater und ihre Mutter. Pentephres, ihr Vater, ergriff mit seiner rechten Hand die rechte Hand

---

8 Wörtlich „zu ihm", dem Haus. Pentephres' Bedienstete sind also nicht stumme, gekaufte Handlanger, sondern Personen, die für ihre loyalen Dienste Schutz und Fürsorge beanspruchen können.

9 Das *deipnon* ist die Hauptmahlzeit, die am Nachmittag gereicht wird, wenn die größte Tageshitze vorbei ist.

10 Gemeint ist hier und im Folgenden das Landgut der Familie, das Aseneth als Erbe zufallen wird.

seiner Tochter, küsste sie herzlich und sagte zu ihr: „Mein Kind Aseneth." 4,6. Und sie sagte: „Hier bin ich, Herr, mein Vater! Mein Herr und Vater hat gesprochen."

4,7. Pentephres aber sagte zu ihr: „Joseph, der in Gott Bevollmächtigte, kommt heute zu uns. Er ist der Oberste über das ganze Land Ägypten und der König Pharao hat ihn eingesetzt als Obersten über das ganze Land. Er ist der Retter und verantwortlich für die Kornversorgung der ganzen Erde und wird sie so retten vor dem drohenden Hunger. Joseph ist ein frommer Mann und maßvoll und jungfräulich wie du heute. Und Joseph ist ein fähiger Mann in Weisheit und Kenntnissen, der Geist Gottes ist in ihm und die Gnade des Herrn ist mit ihm. 4,8. Komm, mein Kind! Ich werde dich ihm zur Frau geben und du wirst seine Braut sein und er selbst wird dein Bräutigam sein für alle Zeit."

4,9. Wie aber Aseneth diese Worte ihres Vaters hörte, übergoss sich ihr Gesicht mit tiefer Röte, sie brauste auf in großem Zorn, blickte von der Seite her auf ihren Vater mit ihren Augen und sagte: „Was redest du da, mein Herr und mein Vater, mit solchen Worten daher! Willst du mich in Gefangenschaft geben einem Mann, der fremdgeboren ist und ein Flüchtling und den man einst als Sklaven verkaufte? 4,10. Ist dieser nicht der Sohn eines Hirten aus dem Land Kanaan, und hat er nicht alles aus Eigeninteresse zurückgelassen, und war er nicht auf frischer Tat ertappt worden, als er mit seiner Herrin schlief, und hat ihn nicht sein Herr von den Wächtern in einen dunklen Kerker werfen lassen, und hat nicht der Pharao ihn aus dem Kerker herausgeholt, nachdem er vor ihm einen Traum erklärte, wie ihn die alten Weiber der Ägypter erklären? (Vgl. Gen 39–41.) 4,11. Nein, lieber heirate ich den erstgeborenen Sohn des Königs Pharao, weil er selbst König ist über das ganze Land Ägypten."

4,12. Und Pentephres verging die Lust noch länger mit seiner Tochter Aseneth über Joseph zu sprechen, weil sie ihm übereilt und vorlaut und zornig geantwortet hatte.

5,1. Da sprang ein Jüngling aus der Hausdienerschaft des Pentephres heran und sagte: „Sieh, Joseph steht vor der Tür unseres Innenhofes!" 5,2. Und Aseneth floh vom Angesicht des Vaters und ihrer Mutter, weil sie diese Worte gehört hatte, die andere über Joseph sagen, ging in ihr Obergemach, kam hinein in ihre Kammer und stand am großen Fenster, das nach Osten blickte, um den Joseph herankommen zu sehen zum Haus ihres Vaters. 5,3. So gingen Pentephres und seine Frau hinaus zur Begrüßung des Joseph, alle Verwandten[11] und alle ihre Hausdiener. 5,4. Und sie hielten jene Tore des Innenhofes auf, die nach Osten blickten.

Joseph kam heran, wobei er auf dem zweiten Wagen des Pharao stand, und die vier Pferde waren weiß wie Schnee, mit goldenem Zaumzeug aneinander gespannt, und der ganze Wagen war aus Gold gefertigt. 5,5. Und Joseph war in ein weißes, ausgezeichnetes Untergewand gehüllt, sein Obergewand, das um ihn herumgelegt war, war purpurn, von golddurchwirktem Leinen aus Byssos, und ein goldener Kranz war auf seinem Kopf. Auf dem Reif des Kranzes waren zwölf erlesene Steine angebracht und auf den Steinen waren zwölf goldene Strahlen. Er hielt einen königlichen Stab in seiner linken Hand und in seiner rechten Hand hielt er einen Olivenzweig mit einer Vielzahl Früchte daran und in den Früchten war viel Öl.

5,6. Joseph kam in den Innenhof hinein und die Tore des Innenhofes wurden geschlossen, und alle fremden Männer und Frauen verblieben außerhalb des Innenhofes, da die Wächter die Tore zusammenzogen, die Torflügel verschlossen und alle Fremden aussperrten.[12] 5,7. Pentephres und seine Frau kamen herbei und alle Verwandten außer seine Tochter Aseneth, und fielen ehrfürchtig vor Joseph nieder mit dem Gesicht auf die Erde. Und Joseph stieg von seinem Wagen und begrüßte sie mit seiner Rechten.

Die erste Begegnung

6,1. Aseneth aber sah[13] den Joseph und es schmerzte sie heftig. Ihre Seele zerbrach, ihre Knie waren gelähmt und sie bebte an ihrem ganzen Körper. Sie fürchtete sich sehr, seufzte und sprach in ihrem Herzen: 6,2. „Was kann ich Unglückliche jetzt tun? Warum nur habe

---

11 Das griechische Wort *syngeneis* lässt offen, ob nur die Blutsverwandten oder auch die Ehrengäste der Familie gemeint sind.

12 Heiligkeit wird hier unterstrichen durch Ausschluss alles Profanen, konkret derer, die nicht zu Joseph oder dem Haus des Pentephres gehören.

13 Das ist die erste Stelle, an der Aseneth etwas ‚sieht‘, nicht nur ‚erblickt‘, die erste Stelle also, an der sie mehr sieht als nur die Oberfläche der Dinge, auf die sie ihre Augen richtet.

ich nachgeplappert, was andere sagen, dass Joseph gekommen ist als Sohn eines Hirten aus dem Land Kanaan? Und jetzt, sieh, die Sonne aus dem Himmel kommt zu uns in ihrem Wagen, kommt herein in unser Haus und scheint über uns wie das Licht auf die Erde. 6,3. Ich habe ihn unvernünftig und voreilig verachtet, schandhafte Worte über ihn dahergeredet und nicht erkannt, dass Joseph der Sohn Gottes ist. 6,4. Welche Menschen auf der Erde können solche Schönheit zeugen und welcher Frau Schoß kann solches Licht gebären? Ich Unglückliche war so unvernünftig, dass ich schandhafte Worte über ihn meinem Vater weitergeplappert habe.

6,5. Wie werde ich mich jetzt reinigen, und wie vor seinem Angesicht verbergen können, damit mich Joseph, der Sohn Gottes, nicht sieht, wo ich doch Schandhaftes dahergeredet habe über ihn? 6,6. Wie werde ich fliehen und mich verbergen können, wo er doch alles Verborgene sieht und kein Versteck übrig bleibt, wegen des großen Lichts, das in ihm ist? 6,7. Nun sei mir gnädig, Herr, Gott des Joseph, dass ich über ihn diese schandhaften Worte dahergeredet habe aus mangelnder Erkenntnis. 6,8. Wenn mich der Vater doch dem Joseph besser zur Dienerin[14] gegeben hätte und zur Sklavin, ich würde ihm Sklavendienste leisten für alle Zeit."

7,1. Und Joseph kam hinein in das Haus des Pentephres und setzte sich auf den Ehrensitz. Sie wuschen seine Füße und bereiteten ihm einen eigenen Tisch, weil Joseph nicht mit den Ägyptern gemeinsam aß, denn dies war ihm ein Gräuel.

7,2. Da blickte Joseph auf und sah die Aseneth. Und Joseph sagte zu Pentephres und allen seinen Verwandten: „Wer ist jene Frau, die in dem Obergemach am Fenster steht? Sie soll aus diesem Haus weggehen!" Joseph sagte dies aber, weil er fürchtete: „Nicht dass sie mich belästigt!" 7,3. Es hatten ihn nämlich alle Frauen und Töchter der Gro-

---

14 Das griechische Wort *paidiskē* bezeichnet üblicherweise eine sehr junge Dienerin oder Magd, die für niedere Arbeiten im Haus, in den Stallungen oder auf dem Feld eingesetzt wird. Das Wort kann aber auch eine Frau bezeichnen, die in sexueller Hinsicht Objektcharakter hat für ihren Herrn. Billa und Zilpha werden vom Roman als *paidiskē* bezeichnet in der Doppeleigenschaft als Mägde und Nebenfrauen Jakobs (24,2). Wenn Aseneth sich also wünscht, dem Joseph als *paidiskē* gegeben zu werden, dann akzeptiert sie nicht nur die Stellung einer Magd, sondern zudem die einer bloßen Nebenfrau.

ßen und Satrapen des ganzen Landes Ägypten belästigt, weil sie mit ihm schlafen wollten. Und weil alle Frauen und Töchter der Ägypter den Joseph begehrten, litten sie schlimm unter seiner Schönheit.

7,4. Joseph aber wies sie harsch von sich, auch die Abgesandten, die die Frauen zu ihm schickten mit Gold und Silber und kostbaren Geschenken. Joseph schickte sie weg wegen (ihrer) Prahlerei und Vermessenheit[15], denn Joseph sagte: „Keineswegs werde ich sündigen vor dem Herrn, dem Gott meines Vaters Israel, und auch nicht vor dem Angesicht meines Vaters Jakob[16]." (Vgl. Gen 39,9.) 7,5. Joseph hielt sich nämlich immer das Gesicht seines Vaters Jakob vor Augen und erinnerte sich an die Ermahnungen seines Vaters, denn Jakob hatte seinem Sohn Joseph und allen seinen anderen Söhnen gesagt: „Hüte dich sehr, mein Kind, vor dem Umgang[17] mit fremden Frauen, denn der Umgang mit ihnen bringt Vernichtung und Zerstörung." 7,6. Deshalb sagte Joseph: „Jene Frau soll aus diesem Haus weggehen!"

7,7. Da sagte Pentephres zu ihm: „Herr, jene, die du im Obergemach stehen siehst, ist nicht eine fremde Frau, sondern sie ist unsere jungfräuliche Tochter, die alle Männer missachtet. Kein anderer Mann hat sie bis zum heutigen Tag gesehen als du allein. Wenn du willst, wird sie kommen und dich anreden, denn unsere Tochter ist wie deine Schwester."

7,8. Joseph freute sich sehr, als Pentephres sagte, dass sie eine Jungfrau sei, die alle Männer missachtet. Er sagte in seinem Geist: „Wenn sie eine Jungfrau ist, die alle Männer missachtet, wird sie mich nicht belästigen." Deshalb sagte Joseph zu Pentephres und allen seinen Verwandten: „Wenn sie eure Tochter ist und jungfräulich geblieben, so soll sie kommen, denn sie ist meine Schwester und ich werde ihr vom heutigen Tag an zugeneigt sein wie meiner Schwester."

8,1. Und die Mutter der Aseneth stieg herauf zum Obergemach, holte die Aseneth und stellte sie vor Joseph. Pentephres aber sagte

---

15 *Hybris* meint den absoluten, keine Schranke anerkennenden Größenwahn.

16 Joseph handelt also sowohl aus Pietät gegen die religiösen Gesetze seines Volkes, das hier mit ‚Israel' als Symbol für das Ganze bezeichnet wird, als auch aus Pietät gegen seinen Vater Jakob.

17 Das griechische Wort *koinōnia* meint nicht erst den sexuellen Umgang (der im Text mit *koimazein* bezeichnet ist), sondern schon die bloße Gesellschaft wird hier abgelehnt.

zu seiner Tochter Aseneth: „Umarme deinen Bruder Joseph, denn er ist jungfräulich geblieben wie du bis zum heutigen Tag, und missachtet alle fremden Frauen, wie du bis zum heutigen Tag alle fremden Männer missachtest." 8,2. Und Aseneth sagte zu Joseph: „Sei gegrüßt, mein Herr, der gesegnet ist vom höchsten Gott." 8,3. Joseph aber antwortete Aseneth: „Es segne[18] dich Gott der Herr, der das Weltall lebendig macht."

8,4. Und Pentephres sagte zu seiner Tochter Aseneth: „Komm heran und küsse deinen Bruder." 8,5. Doch als Aseneth herankam, um den Joseph zu küssen, streckte Joseph seine rechte Hand aus und legte sie auf ihre Brust zwischen ihre beiden Brüste, denn ihre Brüste waren schon aufgerichtet. Und Joseph sagte: „Es schickt sich nicht für einen frommen Mann, der mit seinem Mund den Gott des Lebens preist und das gesegnete Brot des Lebens isst, der den gesegneten Kelch der Unsterblichkeit trinkt und der gesalbt ist mit der gesegneten Salbe der Unvergänglichkeit, eine fremde Frau zu küssen, die mit ihrem Mund tote und stumme Götzen preist und von deren Tisch das Brot des Galgens isst, aus dem Trankopfer vom Kelch des Hinterhalts trinkt und gesalbt ist mit der Salbe der Vernichtung (vgl. Spr 4,17). 8,6. Sondern der fromme Mann küsst seine Mutter und die Schwester, die von seiner Mutter geboren ist, und die Schwester, die aus seinem Stamm ist, seine Verwandten und die Frau, die mit ihm zusammenlebt, die alle mit ihren Mündern preisen den Gott des Lebens. 8,7. Gleichermaßen kommt auch eine fromme Frau nicht heran, um einen fremden Mann zu küssen, denn dies ist ein Gräuel vor Gott, dem Herrn."

8,8. Wie Aseneth diese Worte Josephs gehört hatte, schmerzte es sie heftig und sie war außerordentlich betrübt, sie seufzte und starrte unverwandt auf den Joseph, wobei ihre Augen weit geöffnet blieben und Tränen aus ihren Augen rannen.

Joseph sah sie und erbarmte sich ihrer außerordentlich. Es schmerzte auch ihn, denn Joseph war mild und barmherzig und

---

18 Joseph erwiedert also ihre Begrüßung, macht aber zugleich in seiner Antwort klar, dass der höchste Gott, von dem sie als dem Gott spricht, der ihn segnete, für ihn nur der biblische Schöpfergott sein kann – nicht ein eventuell gemeinter höchster Gott im ägyptischen Pantheon.

fürchtete Gott. 8,9. Er hob seine rechte Hand und legte sie von oben auf ihren Kopf und sagte: „Herr, Gott meines Vaters Israel, höchster und mächtiger Gott des Jakob, der das Weltall lebendig macht und die Dunkelheit vom Licht getrennt hat und den Irrtum von der Wahrheit und den Tod vom Leben – du, Herr, segne diese Jungfrau und erneuere sie in deinem Geist und forme sie neu mit deiner Hand im Geheimen und schenke ihr neues Leben. Nähre sie mit dem Brot deines Lebens und gibt ihr zu trinken vom Kelch deines Segens. Zähle sie zu deinem Bundesvolk, das auserwählt war schon bevor das All geschaffen war. Führe sie zu deiner Ruhe, die für deine Auserwählten bereitgehalten ist, und lass sie leben in deinem Leben für alle Zeit."

9,1. Aseneth freute sich sehr über den Segen Josephs, eilte, kam in ihr Obergemach hinauf und fiel kraftlos auf ihre Liege, denn in ihr war Freude und Kummer, viel Furcht und Beben und Schweiß, alles zugleich, weil sie alle diese Worte von Joseph gehört hatte, die er gesprochen hatte im Namen des höchsten Gottes. 9,2. Sie brach in eine große, schmerzliche Wehklage aus und wandte sich ab von ihren Göttern, welche sie einmal verehrt hatte, zürnte mit allen diesen Götzen und blieb dort bis es Abend geworden war.

9,3. Joseph aber aß und trank und sagte zu seinen Pagen: „Spannt die Pferde an den Wagen." Er sagte nämlich: „Ich will das ganze Land durchreisen." 9,4. Doch Pentephres sprach zu Joseph: „Ruhe heute hier aus, mein Herr, und mache dich erst morgen bei Tagesanbruch auf den Weg." 9,5. Joseph aber antwortete ihm: „Keinesfalls, sondern ich werde noch heute aufbrechen, denn dies ist der Tag, an dem Gott begonnen hat die ganze Schöpfung zu tun. Am achten Tag, der auf diesen Tag hier folgt, werde ich zu euch zurückkehren und lange ausruhen."

Aseneths Umkehr und Buße

10,1. Und Joseph machte sich auf seinen Weg, und Pentephres und alle seine Verwandten gingen zu ihrem Erbgut. Und er ließ Aseneth zurück, allein mit den sieben Jungfrauen, und ihr Herz[19] schmerzte

---

19 Wörtlich ihr *thymos*, jenes menschliche „Organ", in dem in der Tradition Homers alle Gedanken und Hoffnungen bewegt werden.

und sie klagte bis die Sonne unterging. Sie aß kein Brot und trank kein Wasser. So kam die Nacht heran und alle im Haus schliefen. Sie allein war wach geblieben und war tief bewegt, klagte und schlug sich mit der Hand fest an ihre Brust, fürchtete sich sehr und bebte heftig vor Angst. 10,2. Und Aseneth stand auf von ihrer Liege, stieg die Treppe aus ihrem Obergemach herab und kam zur Mühle. Die Müllerin mit ihren Kindern schlief. Und Aseneth eilte, nahm von der Tür den Ledervorhang herunter, der davorgehängt war, breitete ihn aus und füllte Asche vom Herd hinein, brachte sie hinauf in das Obergemach und schüttete sie auf den Fußboden. 10,3. Sie verschloss fest die Tür, schob den Querriegel von der Seite her davor und stieß einen großen Seufzer aus mit schmerzlicher Wehklage.

10,4. Die Jungfrau, die mit ihr genährt worden war und die Aseneth mehr als alle anderen Jungfrauen ihres Gefolges liebte, war als einzige von den Jungfrauen übriggeblieben. Sie kam zur Tür der Aseneth und fand die Tür verschlossen. 10,5. Sie hörte das Seufzen und Wehklagen der Aseneth und sprach zu ihr: „Was ist mit dir, Herrin, was belästigt dich? Öffne uns und zeige uns, was mit dir ist." 10,6. Aber Aseneth öffnete nicht die Tür, sondern sagte zu ihnen von innen her: „In meinem Kopf ist heftiger Schmerz und ich ruhe auf meine Liege. Ich habe geseufzt und ich werde euch sicher nicht öffnen, denn alle Glieder tun mir weh. 10,7. Ihr sollt eine jede in ihre Kammer gehen und ausruhen, lasst mich allein sein." 10,8. Und die Jungfrauen gingen jede in ihre Kammer.

Und Aseneth stand auf, öffnete ruhig die Tür und ging hinein in ihre zweite Kammer, wo die Truhen mit ihrem Schmuck waren, öffnete ihre Schränke und nahm das dunkle, schwarze Untergewand heraus. Dieses war ihr Untergewand der Trauer, denn ihr jüngerer Bruder war zuvor gestorben. Dieses Untergewand hatte Aseneth damals angezogen und ihren Bruder betrauert. 10,9. Sie nahm ihr schwarzes Untergewand und trug es in ihre Kammer, verschloss sofort wieder fest die Tür und schob den Querriegel von der Seite her davor. 10,10. Und Aseneth eilte, legte ihr königliches Obergewand ab von golddurchwirktem Leinen aus Byssos und zog das schwarze Untergewand der Trauer an. Sie löste ihren goldenen Gürtel, nahm ihren Turban von ihrem Kopf und das Diadem, und die Armbänder von ihren Händen und ihren Füßen, und legte alles auf den Fußboden.

10,11. Und sie nahm ihr erlesenes Obergewand und den goldenen Gürtel, den Turban und das Diadem, und warf alles hinaus aus dem Fenster, das nach Norden blickte. 10,12. Und Aseneth eilte und nahm alle ihre Götter aus Gold und Silber, die in ihrer Kammer waren, die nicht zu zählen waren, und warf alle diese Götzen der Ägypter hinaus aus dem Fenster, das nach Norden blickte, aus ihrem Obergemach. 10,13. Und Aseneth nahm ihr königliches Mahl, das Gemästete und die Fische und die Fleischstücke vom Kalb, alles, was die Speise ihrer Götter war, und die Geräte für den Weihetrank von Wein für diese Götter, warf alles hinaus aus dem Fenster, das nach Norden blickte und gab alles den fremden Hunden, und Aseneth sagte zu sich selbst: „Ganz sicher werden nicht meine Hunde von meiner Mahlzeit und aus dem Opfermahl der Götzen fressen, sondern dies werden die fremden Hunde fressen!"

10,14. Danach nahm Aseneth den ledernen Türvorhang mit der Asche und tat die Asche auf den Fußboden. Sie nahm den ledernen Türvorhang als Büßergewand und legte ihn um ihre Taille. Sie löste die geflochtenen Locken ihres Haupthaares und tat von oben Asche auf ihren Kopf. 10,15. Und sie streute die Asche auf ihren Fußboden, schlug sich mit beiden Händen an ihre Brust und klagte laut, sank auf die Asche und klagte, klagte, klagte ihre große Verzweiflung hinaus, die ganze Nacht lang mit Seufzen und Schreien, bis der Morgen graute.

10,16. Bei Morgengrauen stand Aseneth auf, und sieh, viel Dreck war entstanden aus ihren Tränen und aus der Asche auf dem Fußboden. Da sank sie rückwärts mit ihrem Gesicht auf die Asche, von der Morgenröte bis zum Nachmittag und weiter bis zum Sonnenuntergang. 10,17. So tat es Aseneth sieben Tage lang, und sie aß kein Brot und trank kein Wasser in jenen sieben Tagen ihrer Demut.[20]

---

20 Auch Esra zieht sich in seine Kammer zurück, um ohne Wasser und Brot zu trauern, hier über die Mischehen der Juden in babylonischer Gefangenschaft, die er als Treuebruch gegen Gott auffasst (Esr 10,6). In Jdt 4,14 tragen die Priester, die um Gottes Schutz und Hilfe gegen Nebukadnezar beten, Bußgewänder und Asche auf dem Kopf wie Aseneth hier.

Aseneths Bekenntnis vor Gott

11,1. Und als der achte Tag herangekommen war, sieh, es war Morgendämmerung und die Vögel sangen schon und die Hunde bellten Vorbeilaufende an, da richtete Aseneth ihren Kopf ein wenig vom Fußboden auf aus der Asche, denn sie war außerordentlich erschöpft und abgespannt an den Gliedern wegen der Entbehrungen der acht Tage. 11,1x. Sie richtete sich auf ihre Knie auf, setzte ihre Hände auf den Fußboden und richtete sich ein wenig von der Erde auf, aber ihr Kopf war nach unten gesenkt und die Locken ihres Haupthaares waren aufgelöst von der vielen Asche. Aseneth verschränkte ihre Hände Finger gegen Finger und bewegte ihren Kopf hierhin und dahin, schlug mit ihren Händen zugleich gegen ihre Brust und warf ihren Kopf in ihren Schoß. Ihr Gesicht war überströmt von ihren Tränen und sie stieß einen großen Seufzer aus. Und ihre Locken fielen von ihrem Kopf herab und sie ließ ihren Kopf hinunter in die Asche sinken. 11,1y. Aseneth war erschöpft und kaum noch beseelt und hatte ihre Kraft verloren. Sie wandte sich um zur Wand hin und saß unterhalb des Fensters, das nach Osten blickte. 11,2. Sie warf ihren Kopf in ihren Schoß, wobei sie mit den Fingern ihrer Hand ihr rechtes Knie umfasste. Und ihr Mund war verschlossen, sie hatte ihn in den sieben Tagen und sieben Nächten ihrer Demut nicht geöffnet.

11,3. Sie sagte in ihrem Herzen, ohne den Mund zu öffnen: „Was soll ich tun oder wohin soll ich gehen, zu wem kann ich fliehen oder mit wem kann ich mich unterhalten, jungfräulich und verwaist und einsam und von allen im Stich gelassen und missachtet wie ich bin? 11,4. Denn alle missachten mich, auch mein Vater und meine Mutter, weil ich ihre Götter missachte und sie vernichtet habe und sie weggab, damit sie von den Menschen mit Füßen getreten würden. 11,5. Deswegen missachten mich mein Vater und meine Mutter und alle meine Verwandten und sagen: ‚Das ist nicht unsere Tochter Aseneth, denn sie hat unsere Götter vernichtet.‘ 11,6. Und alle Menschen missachten mich, denn ich habe alle Menschen missachtet und alle, die sich um mich bewarben. Jetzt missachten mich alle diese in meiner Demut und erfreuen sich an meiner Bedrängnis.

11,7. Aber der Herr, der Gott des mächtigen Joseph, der höchste, missachtet alle, die Götzen anbeten, denn er ist ein eifersüchtiger

Gott und fürchterlich gegen alle, die fremde Götter anbeten (vgl. Ex 20,3–5). 11,8. Deswegen hat er auch mich missachtet, weil ich die toten und stummen Götzen angebetet habe und sie gepriesen habe. 11,9. Ich aß von ihren Opfergaben und beschmutzte meinen Mund an ihrem Tisch. Ich habe keinen Mut den Herrn anzurufen, den Gott des Himmels, den höchsten und allmächtigen Gott des Joseph, weil ich meinen Mund beschmutzt habe an den Opfergaben der Götzen.

11,10. Aber ich habe viele sagen hören, dass der Gott der Hebräer ein Gott der Wahrheit ist und ein Gott des Lebens, ein Gott der Barmherzigkeit und des Mitgefühls, großmütig und vielerbarmend und nachsichtig, einer, der nicht die Sünden eines demütigen Menschen anrechnet und nicht einen gesetzlosen Menschen bedrängt, der durch den Augenblick seiner Verfehlung von sich selbst bedrängt wird. 11,11. Deshalb werde ich es wagen ihn anzurufen und umkehren zu ihm, mich zu ihm flüchten und vor ihm alle meine Sünden bekennen und meine Klage vor ihm ausschütten (vgl. Ps 102,1; 142,3). 11,12. Wer weiß, ob er nicht auf meine Demut schaut und sich erbarmt über mich? Vielleicht schaut er auf diese meine Einsamkeit und richtet mich wieder auf, 11,13. oder er schaut auf meine Verwaistheit und beschützt mich, weil er doch der Vater für die Waisen ist und ein Beschützer für die Verfolgten und eine Hilfe für die Bedrängten. 11,14. Ich werde es wagen und ihn um Hilfe bitten."

11,15. Und Aseneth stand auf vom Boden, wo sie gesessen hatte, wandte sich um zum Fenster hin, das nach Osten blickte, richtete sich auf ihre Knie auf und hob ihre Hände zum Himmel. Obwohl sie sich fürchtete, öffnete sie ihren Mund und nannte den Namen Gottes. Und sie wandte sich zurück zu der Wand hin, setzte sich und schlug mit ihren Händen wiederholt an ihren Kopf und ihre Brust, und sprach in ihrem Herzen, ohne ihren Mund zu öffnen:

11,16. „Unglücklich bin ich, verweist und einsam, mein Mund ist beschmutzt von den Opfergaben der Götzen und von den Lobpreisungen für die Götter der Ägypter. 11,17. Und jetzt, in diesen meinen Tränen, in diese Asche hingesunken, in diesem Schmutz meiner Demut – wie kann ich da meinen Mund öffnen zu dem Höchsten hin, und wie kann ich ihn bei seinem heiligen und furchtbaren Namen nennen, damit mir der Herr nicht zürnt, weil ich in meiner Gesetzlosigkeit seinen heiligen Namen angerufen habe? 11,18. Was kann ich Unglückliche jetzt tun? Aber ich werde es besser wagen und meinen Mund öffnen gegen ihn und ihn bei seinem Namen anrufen. Wenn der Herr mich im Zorn schlägt, wird er mich auch wieder heilen. Und wenn er mich mit seinen Geißeln bestraft, dann wird er auch wieder auf mich blicken in seiner Barmherzigkeit. Und falls er zürnt wegen meiner Sünden, wird er sich auch wieder mit mir versöhnen und alle meine Sünden von mir nehmen. Ich werde es also wagen und meinen Mund zu ihm öffnen."

11,19. Und Aseneth stand wieder auf von der Wand, an der sie gesessen hatte, richtete sich auf ihre Knie auf, hob ihre Hände nach Osten, blickte mit ihren Augen zum Himmel auf, öffnete ihren Mund zu Gott und sagte:

12,1. „Herr, Gott der Ewigkeiten, der du das Weltall geschaffen hast und lebendig machst, der du den Atem des Lebens allem von dir Geschaffenen gegeben hast, der du das Unsichtbare ans Licht gebracht hast, 12,2. der du das Seiende und das Sichtbare aus dem Unsichtbaren und Nicht-Seienden gemacht hast, der du den Himmel erhöht und ihn fest aufgebaut hast auf dem Rücken der Winde, der du die Erde auf dem Wasser gegründet hast, der du große Steine auf den Abgrund des Wassers gesetzt hast, und diese Steine sind nicht versunken, sondern wie das Laub der Bäume auf dem Wasser, und es sind lebendige Steine und sie hören deine Stimme, Herr, und wahren deine Gebote, die du ihnen aufgetragen hast, und deine Befehle übertreten sie nicht, denn du, Herr, hast gesprochen und alles wurde ins Leben gezeugt und dein Wort[21], Herr, ist Leben in allem, das du geschaffen hast.

12,3. Zu dir fliehe ich, Herr, und zu dir rufe ich, Herr, vor dir schütte ich meine Klage aus, Herr, und dir will ich meine Sünden bekennen, Herr, zu dir hin[22] meine Gesetzlosigkeit offenbaren. 12,4. Schone mich, Herr, denn ich habe in vielem vor dir gesündigt, gesetzwidrig und gottlos habe ich gehandelt, Schändliches und Unaussprechliches habe ich dahergeredet.

---

21 Das hier verwendete griechische Wort *logos* meint nicht nur das einzelne Wort einer Rede, sondern auch die Rede selbst und alle Teilaspekte, die hinter einer Aussage stehen. Dagegen *hrēmata,* die hier ebenfalls als ‚Wort‘ übersetzt werden, sind die bloßen Worte, die die anderen Akteure des Romans gebrauchen.

22 Aseneth wagt es nicht, Gott direkt anzusprechen – sie spricht in seine Richtung (vgl. auch 17,4).

12,5. Beschmutzt ist mein Mund von den Opfergaben der Götzen und von den Tischen der ägyptischen Götter. Ich habe gesündigt, Herr, in vielem habe ich vor dir gesündigt aus mangelnder Erkenntnis, und ich habe tote und stumme Götzen angebetet. Jetzt bin ich nicht mehr wert meinen Mund zu dir, Herr, zu öffnen. Ich, Aseneth, die Tochter des Hohenpriesters Pentephres, die Jungfrau und Königin, die ich einst anmaßend, unverschämt und üppig war in meinem Reichtum, mehr als alle anderen Menschen, muss jetzt neu beginnen als Waise und Einsame und von allen Menschen im Stich Gelassene. 12,6. Zu dir fliehe ich hin, Herr, und zu dir rufe ich. 12,7. Du rette mich, bevor ich von meinen Verfolgern ergriffen werde.

12,8. Denn wie ein kleines Kind, das sich fürchtet, zu seinem Vater flieht, und der Vater es mit seinen Händen aufhebt von der Erde und an seiner Brust birgt, und das kleine Kind seine Hände um den Nacken seines Vaters schließt und in seiner Furcht schwer atmet und an der Brust seines Vaters ausruht, der Vater aber über die Verwirrung seines Kleinen lächelt, so breite auch du, Herr, deine Hände aus zu mir und hebe mich von der Erde auf.

12,9. Denn sieh, der alte, rasende Löwe[23] verfolgt mich, weil er der Vater[24] der Götter der Ägypter ist und ich sie missachte, weil sie die Kinder des Löwen sind, und weil ich alle Götter der Ägypter hinauswarf und sie vernichtet habe. 12,10. Und der Löwe, ihr Vater, ist zornig geworden und verfolgt mich.

12,11. Du aber, Herr, rette mich aus seinen Händen und löse mich aus seinem Maul, damit er mich nicht packe wie ein Löwe und mich zerreiße, mich in die Glut des Feuers werfe und das Feuer mich in den Wirbelsturm hineinwerfe, der Wirbelsturm mich in der Dunkelheit herumtreibe und hineinwerfe in den Schlund des Meeres, mich das große

---

23 Vgl. Ps 7,3; 22,13–14. In 1.Sam 17,37 ist der Löwe ein Symbol für Gefahr, aus der Gott den Menschen rettet. Ein Löwe ist aber auch der ägyptische Gott Mahes, der im Totenbuch mit Re gleichgesetzt wird. Er ist zuständig für alle Arten von Gemetzeln. An diesen Gott wird man hier denken müssen als Verfolger der Aseneth – als Rächer der verratenen Götter, die Aseneth hinauswarf.

24 Mahes ist hier „Vater der Götter der Ägypter" in dem Sinn, dass er die anderen Götter zu schützen versucht wie der biblische Gott in 12,8 der schützende Vater der Menschen ist, die sich zu ihm flüchten.

Seeungeheuer verschlinge, das bis in alle Ewigkeit existiert, und mich vernichte für alle Zeit. 12,12. Rette mich, Herr, bevor dies alles über mich hereinbricht. Rette mich, Herr, die Einsame, denn mein Vater und meine Mutter verleugnen mich und sagen: ‚Dies ist nicht unsere Tochter Aseneth', denn ich habe ihre Götter vernichtet und sie missachtet.

12,13. Ich bin eine Waise und Einsame, ohne jede Hoffnung außer auf dich, Herr, und habe keine andere Zuflucht als deine Barmherzigkeit, Herr, weil du der Vater für die Waisen bist, und ein Beschützer für die Verfolgten und eine Hilfe für die Bedrängten. 12,14. Erbarme dich meiner, Herr, und beschütze mich im Stich gelassene Jungfrau und Waise. Denn du bist, Herr, ein Vater, süß und gut und milde. 12,15. Welcher Vater ist so süß wie du, Herr, und welcher so schnell in Barmherzigkeit wie du, Herr, und welcher so großmütig zu uns Sündern wie du, Herr? Denn sieh, alle Gaben meines Vaters Pentephres, die er mir zu Erbgütern gegeben hat, sind zeitgebunden und vergänglich, die Gaben deines Erbguts aber, Herr, sind unvergänglich und ewig.

13,1. Blicke auf meine Demut, Herr, und erbarme dich meiner. Blicke auf mich Waise und richte mich wieder auf. Denn sieh, ich bin geflüchtet aus allem, und zu dir hin bin ich geflohen, Herr. 13,2. Sieh, alle Gaben der Erde habe ich zurückgelassen und zu dir hin bin ich geflohen in diesem Büßergewand und der Asche, nackt und verwaist und alleingelassen.

13,3. Sieh, mein königliches Obergewand habe ich abgelegt, von hyazinthfarbigem und golddurchwirktem Leinen aus Byssos, ich habe ein schwarzes Untergewand angezogen und getrauert. 13,4. Sieh, meinen goldenen Gürtel habe ich gelöst und hinausgeworfen und ich legte mir ein Büßergewand um. 13,5. Sieh, meine Tiara und mein Diadem habe ich von meinem Kopf geworfen und Asche über mich ausgebreitet. 13,6. Sieh den Fußboden meiner Kammer, der mit bunten und porphyrnen Steinen ausgelegt ist, der einst mit Myrrhe benetzt war und mit glänzenden Leinwandstücken abgewischt wurde, jetzt ist er benetzt von meinen Tränen und beschmutzt, weil Asche auf ihm ausgebreitet ist.

13,7. Sieh, aus meinen Tränen und der Asche ist viel Dreck geworden, wie auf einem flachen Weg. 13,8. Sieh, mein königliches Mahl und das Gemästete habe ich den fremden Hunden gegeben.

13,9. Und sieh, ich habe sieben Tage und sieben Nächte gefastet, habe kein Brot gegessen und kein Wasser getrunken. Mein Mund wurde trocken wie eine Handpauke, meine Zunge wie Horn und meine Lippen wie eine Tonscherbe (vgl. Ps 22,16). Mein Gesicht ist verfallen und meine Augen, versengt von der Schuld, wurden wegen meiner vielen und heftigen Tränen ganz entzündet.[25]

13,11. Sieh also, von den Göttern, die ich einst angebetet habe aus mangelnder Erkenntnis, habe ich nun erkannt, dass sie stumme und tote Götzen sind, und ich gab sie weg, damit sie von den Menschen mit Füßen getreten würden. Diebe haben sie entwendet, weil sie golden und silbern waren. Und ich habe sie alle aus meinem Gesichtskreis getilgt.

13,12. Zu dir bin ich geflohen, Herr, mein Gott. Aber du, Herr, rette mich 13,13. und verzeihe mir, dass ich sündigte gegen dich aus mangelnder Erkenntnis. Weil ich eine Jungfrau bin und vorlaut, habe ich geirrt und habe Abscheuliches dahergeredet über meinen Herrn Joseph, weil ich nicht sah, dass er dein Sohn ist, und weil mir die Menschen gesagt haben, dass Joseph der Sohn eines Hirten aus dem Land Kanaan ist. Und ich Jammergestalt habe ihnen geglaubt und habe geirrt und habe ihn geringgeachtet, habe Schandhaftes über ihn dahergeredet und nicht gesehen, dass er dein Sohn ist. 13,14. Denn welcher Mensch kann eine solche Schönheit hervorbringen, solche Weisheit und Tugend und Fähigkeiten[26]?

13,15. Herr, dir befehle ich ihn an[27], denn ihm bin ich zugeneigter als meiner Seele. Bewahre ihn in der Weisheit deiner Gnade. Du, Herr, gib mich ihm als Dienerin und Sklavin. Ich will ihm sein Bett bereiten und seine Füße waschen, ihn umhegen und seine Sklavin sein und ihm Sklavendienste leisten für alle Zeit."

---

25 Einige Textzeugen bieten noch einen Vers 13,10, der Teile aus den Versen 12 und 13 enthält: „Aber du Herr, rette mich von den vielen Taten meiner Unwissenheit und verzeihe mir, dass ich, die ich eine Jungfrau bin und unerfahren, geirrt habe."

26 Die griechischen Wörter sind *sophia, aretē* und *dynamis*. Der Text greift also die klassische griechische Vorstellung auf, dass innere und äußere Schönheit zusammengehen, und erweitert sie um das Element religiöser Weisheit.

27 Wörtlich „ihn stelle ich zu dir".

Aseneths Begegnung mit dem Engel

14,1. Und wie Aseneth aufhörte, sich dem Herrn zu bekennen, sieh, da stieg der Stern der Morgenstunde auf am Himmel gegen Osten. Aseneth sah ihn, freute sich und sagte: „Hat also Gott der Herr mein Gebet erhört, weil er diesen Stern als Boten und Wächter des Lichts des großen Tages aufsteigen lässt?" 14,2. Und als ihn Aseneth noch ansah, sieh, nahe bei jenem Stern teilte sich der Himmel und es erschien ein großes und unaussprechliches Licht. 14,3. Aseneth sah es und sank auf ihr Gesicht, mitten auf die Asche. Da kam zu ihr ein Mensch aus dem Himmel und stellte sich neben Aseneths Kopf.

14,4. Er rief sie und sagte: „Aseneth, Aseneth!" 14,5. Sie aber fragte: „Wer ist es, der mich ruft, wo doch die Tür meiner Kammer verschlossen ist und der Turm hoch? Wie kann da jemand in meine Kammer hereinkommen?" 14,6. Und der Mensch aus dem Himmel rief sie zum zweiten Mal an und sagte: „Aseneth, Aseneth!" 14,7. Sie aber sagte: „Hier bin ich, Herr. Wer bist du? Verkünde es mir!" 14,8. Der Mensch antwortete: „Ich bin der Oberste des Hauses des Herrn und Feldherr aller Armeen des Höchsten. Steh auf und stelle dich auf deine Füße, denn zu dir will ich meine Worte sprechen."

14,9. Und Aseneth richtete ihren Kopf auf und sah, und sieh, der Mann glich in allem dem Joseph, mit dem Obergewand und dem Kranz und dem königlichem Stab. Einzig sein Gesicht war wie ein helles Strahlen, seine Augen waren wie der Glanz der Sonne und die Locken seines Haupthaares wie die Glut des Feuers einer brennenden Fackel. Seine Hände und Füße waren wie Eisen, das aus dem Feuer gezogen wird, und Funken sprangen um seine Hände und Füße.[28] 14,10. Und Aseneth sah ihn und sank auf ihr Gesicht vor seine Füße auf die Erde. Aseneth fürchtete sich sehr und bebte an allen ihren Gliedern.

14,11. Da sagte der Mensch zu ihr: „Fasse Mut, Aseneth, und fürchte dich nicht, sondern steh auf und stelle dich auf deine Füße, denn zu dir will ich meine Worte sprechen." 14,12. Und Aseneth stand auf und stellte sich auf ihre Füße. Der Mensch aber sagte zu

---

28 Der Engel ist damit in seiner äußeren Erscheinung ähnlich dem Engel, der Daniel nach einer langen Fastenzeit erscheint (Dan 10,2–16).

ihr: „Geh und lege das schwarze Untergewand deiner Trauer ab, das du anhast, und lege das Büßergewand um deine Taille ab, schüttle die Asche von deinem Kopf und wasche dein Gesicht und deine Hände mit lebendigem Wasser.[29] Lege ein leinenes Obergewand an, neu und ungetragen und vorzüglich, und gürte deine Taille mit dem neuen und zweifachen Gürtel deiner Jungfräulichkeit. 14,13. Danach komm zu mir, denn zu dir will ich meine Worte sprechen."

14,14. Und Aseneth eilte, ging in ihre zweite Kammer, wo die Truhen mit ihrem Schmuck waren, öffnete ihre Schränke und nahm ein leinenes Obergewand heraus, neu und vorzüglich und ungetragen, und sie legte das schwarze Untergewand der Trauer ab, tat das Büßergewand um ihre Taille von sich und zog das leinene Obergewand an, das vorzügliche, ungetragene, und gürtete sich mit dem doppelten Gürtel ihrer Jungfräulichkeit, einen Gürtel um ihre Taille, den anderen Gürtel um ihre Brust. 14,15. Sie schüttelte die Asche von ihrem Kopf und wusch sich ihre Hände und ihr Gesicht mit lebendigem Wasser. Und sie nahm einen leinenen Schleier, neu und vorzüglich, und verhüllte ihren Kopf.

15,1. Und sie ging zu dem Menschen in ihre erste Kammer zurück und stellte sich vor ihn. Der Mensch sagte zu ihr: „Entferne den Schleier von deinem Kopf. Weshalb hast du das getan? Denn du bist eine reine Jungfrau heute und dein Kopf ist wie der eines Jünglings." 15,2. Und Aseneth zog den Schleier von ihrem Kopf. Der Mensch aber sagte zu ihr: „Fasse Mut, Aseneth, reine Jungfrau. Denn sieh, ich habe gehört alle Worte deines Bekenntnisses und deines Gebets.

15,3. Sieh, ich sah auch deine Demut in den sieben Tagen deiner Entbehrung. Sieh, aus deinen Tränen und dieser Asche ist viel Dreck geworden auf deinem Gesicht. 15,4. Fasse Mut, Aseneth, reine Jungfrau. Denn sieh, dein Name wurde in das Buch der Lebendigen geschrieben im Himmel (vgl. Ps 69,29). Am Anfang des Buches, als erster von allen, ist dein Name geschrieben mit meinem Finger und kann nicht wieder gestrichen werden in Ewigkeit.

15,5. Sieh also, von heute an wirst du neu gemacht und wiederhergestellt und wird dir neues Leben geschenkt werden. Du wirst

---

29 Damit ist fließendes, z. B. Quellwasser gemeint, nicht abgestandenes Wasser, etwa aus Brunnen (vgl. 2,12).

das gesegnete Brot des Lebens essen und den gesegneten Kelch der Unsterblichkeit trinken und gesalbt werden mit der gesegneten Salbe der Unvergänglichkeit. 15,6. Fasse Mut, Aseneth, reine Jungfrau. Denn sieh, heute bist du dem Joseph als Braut gegeben und auch er wird dein Bräutigam sein für alle Zeit.

15,7. Und dein Name wird nicht mehr ‚Aseneth' gerufen werden, sondern dein Name wird sein ‚Stadt der Zuflucht', weil in dir viele fremde Völker zum Herrn, dem höchsten Gott, fliehen werden, und von deinen Zinnen werden viele Bundesvölker bedeckt werden, die auf Gott den Herrn vertrauen, und in deinen Mauern werden geschützt sein, die vor dem höchsten Gott ehrfürchtig niederfallen im Namen der Umkehr und Buße.

Denn die Umkehr[30] ist im Himmel die schöne, außerordentlich gute Tochter des Höchsten. Sie bewegt den Höchsten für dich zu allen Stunden und für alle, die sich bekehren zum Namen Gottes, des höchsten Vaters. Sie ist Aufseherin aller Jungfrauen und liebt euch außerordentlich, für euch bittet sie zu jeder Stunde den Höchsten. Allen, die sich bekehren, hat sie in den Himmeln einen Ort zum Ausruhen geschaffen, sie wird alle erneuern, die sich bekehrt haben, und sie wird ihnen gute Dienste leisten für alle Zeit. 15,8. Die Umkehr ist eine außerordentlich schöne Jungfrau, allzeit heiter und lachend, mild und sanft. Deswegen ist ihr der höchste Vater zugeneigt und alle Engel achten sie. Auch ich bin ihr außerordentlich zugeneigt[31], denn sie ist meine Schwester, und so wie sie euch Jungfrauen zugeneigt ist, so bin auch ich euch zugeneigt.

15,9. Und sieh, ich werde zu Joseph gehen und zu ihm alle meine Worte über dich sprechen. Joseph wird heute zu dir kommen und auf dich schauen, er wird sich freuen über dich und dir zugeneigt sein, er wird dein Bräutigam sein und du seine Braut für alle Zeit. 15,10. Und nun höre mir zu, Aseneth, reine Jungfrau: Lege das Obergewand deiner Hochzeit an, das erste und ureigene Obergewand,

---

30 Das griechische Wort *metanoia* bezeichnet eine Umkehr, der tiefe Reue vorausgeht.

31 Griechisch *agapē* meint die reine Liebe, die Anteilnahme, die Zuneigung. Mit Ausnahme von 7,8 und 13,15 ist nur im Kontext der Bekehrung durch den Engel von einer solchen Zuneigung die Rede.

das in deiner Kammer liegt von Beginn an, und allen Schmuck deiner Hochzeit tue dir um, schmücke dich um deiner selbst damit wie eine gute Braut und gehe zum Zusammentreffen mit Joseph. Denn sieh, er wird heute bei dir sein, auf dich schauen und sich freuen."

15,11. Und wie der Mensch aufgehört hatte diese Worte zu sprechen, freute sich Aseneth sehr über alle seine Worte, sank vor seine Füße, fiel ehrfürchtig vor ihm nieder mit dem Gesicht auf die Erde und sprach zu ihm: 15,12. „Gepriesen sei der Herr, dein Gott, der höchste, der dich geschickt hat, mich aus der Finsternis zu erretten und mich aus den Tiefen des Abgrunds herauszuführen, und gepriesen sei dein Name in Ewigkeit! 15,12x. Doch was ist dein Name, Herr, verkünde es mir, damit ich dir ein Preislied singen kann und dich rühmen für alle Zeit!"

Da antwortete ihr der Mensch: „Warum forscht du nach meinem Namen, Aseneth? Mein Name in den Himmeln ist in das Buch des Höchsten geschrieben mit dem Finger Gottes, am Anfang des Buches, vor allen, denn ich bin der Oberste des Hauses des Höchsten. Alle Namen, die im Buch des Höchsten geschrieben sind, sind unaussprechlich, und dem Menschen kommt es weder zu ihn zu sprechen, noch zu hören in dieser Welt, weil jene Namen groß sind und wunderbar und außerordentlich lobenswert."

15,13. Und Aseneth sprach: „Wenn ich Gnade gefunden habe vor dir, Herr, und alle deine Worte erfahren habe, die du zu mir sagen wolltest, möge es deiner Dienerin erlaubt sein, in deiner Gegenwart zu sprechen." 15,14. Und der Mensch sagte zu ihr: „So rede." Aseneth sagte: „Herr!" Und sie streckte ihre rechte Hand aus und berührte seine Knie. „Ich bitte dich, Herr, noch ein wenig auf dieser Liege zu sitzen, denn diese Liege ist gereinigt und sauber, weder Mann noch Frau haben jemals zuvor darauf gesessen. Ich will einen Tisch vor dich hinstellen, dir Brot zu essen bringen und Wein zu trinken geben aus meiner Speisekammer, einen Wein so alt und schön, dass sein Duft bis zum Himmel aufsteigt, und du sollst von ihm trinken. Erst danach sollst du dich wieder auf den Weg machen." 15,15. Der Mensch sagte zu ihr: „Eile, und bringe schnell."

16,1. Und Aseneth eilte, brachte ihm einen neuen Tisch und ging, Brot für ihn zu besorgen. Da sagte der Mensch: „Bringe mir doch auch eine Honigwabe." 16,2. Da stand Aseneth still und wurde betrübt, denn sie hatte keine Honigwabe in ihrer Speisekammer. 16,3. Der Mensch fragte sie: „Warum stehst du still?" 16,4. Aseneth aber sagte: „Ich werde, Herr, einen Knaben in die Vorstadt schicken, da der Acker unseres Erbguts nahebei ist. Er soll von dort rasch eine Honigwabe bringen und ich werde sie dann vor dich hinstellen, Herr." 16,5. Der Mensch aber sagte: „Fasse Mut und gehe in deine Speisekammer! Du wirst eine Honigwabe auf dem Tisch liegen finden. Nimm sie und bringe sie her." 16,6. Und Aseneth sagte: „Herr, es gibt keine Honigwabe in meiner Speisekammer." 16,7. Der Mensch aber sagte: „Fasse Mut und du wirst finden."

16,8. Und Aseneth ging hin in ihre Speisekammer und fand eine Honigwabe auf dem Tisch liegen. Die Wabe war groß, weiß wie Schnee und voller Honig. Und jener Honig war wie Tau vom dritten Himmel und sein Duft wie der Duft des ewigen Lebens. 16,9. Aseneth wunderte sich und sagte in ihrem Herzen: „Vielleicht ist diese Wabe aus dem Mund dieses Menschen gekommen, weil ihr Duft ist wie der Duft aus dem Mund dieses Menschen?"

16,10. Aseneth nahm jene Wabe, brachte sie dem Menschen und legte sie ihm auf den Tisch, der vor ihn hingestellt war. Und der Mensch sagte zu ihr: „Warum sagtest du, dass in deiner Speisekammer keine Honigwabe sei? Sieh, du hast eine wunderbare Honigwabe gebracht." 16,11. Und Aseneth fürchtete sich und sagte zu ihm: „Herr, ich hatte zuvor keine Honigwabe in meiner Speisekammer, aber du hast gesprochen und sie war da. Ist diese vielleicht sogar aus deinem Mund herausgekommen, weil ihr Duft ist wie der Duft aus deinem Mund?" 16,12. Und der Mensch lächelte über die Weise, wie Aseneth es sich erklärte.

16,13. Er rief sie zu sich und streckte seine rechte Hand aus, berührte ihren Kopf und ergriff mit seiner rechten Hand ihren Kopf. Doch Aseneth fürchtete sich vor der Hand des Menschen, weil Funken von seiner Hand sprangen wie von flüssigem Eisen. Aseneth blickte auf und folgte voll Furcht mit ihren Augen der Hand des Menschen. 16,14. Der Mensch sah es, lächelte und sagte: „Selig bist du, Aseneth, weil du die unaussprechlichen Geheimnisse des Höchsten erfahren durftest, und selig sind alle, die in Umkehr und Buße vor Gott dem Herrn ehrfürchtig niederfallen, und weil sie von dieser Wabe essen, denn diese Wabe ist wie der Geist des Lebens. Geschaffen haben sie die Bienen des übervollen Paradieses Gottes aus dem Tau der Rosen des Lebens und aus allen Blumen, die im Paradies Gottes sind. Deswegen essen alle Engel Gottes von ihr, alle Auserwählten Gottes und alle Söhne des Höchsten, da dies eine Wabe des Lebens ist. Jeder, der von ihr isst, wird nicht sterben für alle Zeit." 16,15. Und der Mensch streckte seine rechte Hand aus, brach ein kleines Stück von der Wabe und aß selbst. Das übrige warf er mit seiner Hand in den Mund der Aseneth und sagte zu ihr: „Iss!", und sie aß (vgl. Hld 5,1; Ri 14,8–9).

16,16. Und der Mensch sagte zu Aseneth: „Sieh, nun hast du das Brot des Lebens gegessen und trinkst den Kelch der Unsterblichkeit und bist gesalbt mit der Salbe der Unvergänglichkeit. Sieh also, vom heutigen Tag an werden deine fleischlichen Nachkommen blühen wie die Blumen des Lebens im Land des Höchsten, und deine Glieder werden sich vermehren wie die Zedern des übervollen Paradieses Gottes (vgl. Ps 92,13). Unermüdliche Kräfte werden dir zukommen, auf deine Jugendfrische wird kein Alter schauen und deine Schönheit wird in Ewigkeit nicht ausgelöscht werden.[32] Und du wirst wie eine Mutterstadt befestigt sein für alle, die sich zu dir flüchten im Namen Gottes, des Herrn, des Königs der Ewigkeiten."

16,16x. Und der Mensch streckte seine rechte Hand aus und berührte die Wabe, dort wo er (das Stück) abgebrochen hatte, und sie wurde wiederhergestellt und gefüllt und vollständig wie sie zu Beginn war. 16,17. Erneut streckte der Mensch seine rechte Hand aus und berührte mit seinem ausgestreckten Finger die Kante der Wabe, die nach Osten blickte, und bewegte ihn zu der Kante, die nach Westen blickte, und der Weg seines Fingers wurde wie Blut. Zum zweiten Mal streckte er seine Hand aus und berührte mit seinem Finger die Kante der Wabe, die nach Norden blickte, und bewegte ihn zur Kante, die nach Süden blickte, und der Weg seines Fingers wurde wie Blut. 16,17x. Und Aseneth stellte sich auf seine linke Seite und erblickte alles, was der Mensch tat.

Und der Mensch sagte zur Wabe: „Komm!" 16,17y. Sogleich standen viele Bienen auf in den Kammern jener Wabe. Die Kammern

---

32 Vgl. Ps 89,46, wo sich der Zorn Gottes u. a. darin äußert, dass er „die Tage der Jugend" desjenigen verkürzt, dem er zürnt.

waren unzählig viele und in allen Kammern standen zehntausende und aberzehntausende Bienen auf, und tausende und abertausende. 16,18. Die Bienen waren weiß wie Schnee und ihre Flügel wie Purpur und wie Hyazinth, wie Scharlach und wie golddurchwirkte Leinenmäntel aus Byssos. Sie hatten goldene Diademe auf ihren Köpfen und spitze Stacheln, aber sie taten niemandem Unrecht.

16,19. Alle jene Bienen flogen um Aseneth herum, von den Füßen bis zum Kopf. Andere Bienen waren groß und auserwählt wie ihre Königinnen. Sie standen auf, heraus aus der Bruchstelle der Wabe, flogen um Aseneths Gesicht und fingen an auf ihrem Mund und auf ihren Lippen eine Wabe zu bauen, die der Wabe glich, die neben den Menschen gestellt war. 16,20. Und alle Bienen aßen von der Wabe, die auf dem Mund Aseneths entstanden war.

Aber der Mensch sagte zu den Bienen: „Geht weg zu Eurem eigenen Ort!" 16,21. Und alle Bienen standen auf, entfernten sich und verschwanden in den Himmel. 16,22. Alle aber, die geplant hatten Aseneth unrecht zu tun, fielen auf die Erde und starben. Der Mensch streckte seinen Stab aus über die toten Bienen und sagte zu ihnen: „Steht auf und verschwindet zu Eurem Ort." 16,23. Und die gestorbenen Bienen standen auf, verschwanden in den Innenhof, der neben Aseneths Haus gelegen war, und setzten sich auf die fruchttragenden Bäume. 17,1. Der Mensch sagte zu Aseneth: „Hast du dies gesehen?" Sie antwortete: „Ich habe es gesehen, mein Herr." 17,2. Der Mensch aber sagte zu ihr: „So wird es sich mit allen meinen Worten verhalten, die ich heute zu dir gesprochen habe."

17,3. Und der Mensch streckte zum dritten Mal seine rechte Hand aus und berührte die Bruchstelle der Wabe. Sogleich entzündete sich ein Feuer auf dem Tisch und verschlang die Wabe, tat aber dem Tisch kein Unrecht. 17,4. Und der Wohlgeruch der verbrannten Wabe erfüllte die Kammer, und es war der Wohlgeruch außerordentlicher Süße.

Aseneth sagte zu dem Menschen hin[33]: „Herr, es sind bei mir sieben Jungfrauen, die mit mir zusammen aufgezogen wurden von Jugend an und in einer einzigen Nacht mit mir geboren wurden, ich

---

33 Aseneth wagt nicht, den Engel direkt anzusprechen, sondern spricht nur in seine Richtung, wie sie in 12,3 zu Gott nicht direkt spricht.

bin ihnen zugeneigt wie Schwestern von mir. Ich werde sie rufen und du mögest sie segnen wie du auch mich gesegnet hast." 17,5. Der Mensch sagte: „Rufe sie!" 17,6. Aseneth rief die sieben Jungfrauen und stellte sie vor den Menschen. Und der Mensch segnete sie und sagte: „Euch segnet der Herr, der höchste Gott. Ihr werdet die sieben Säulen der Stadt der Zuflucht sein und alle, die als von Gott Auserwählte zusammenwohnen in jener Stadt, werden sich auf euch ausruhen für alle Zeit."

17,7. Und der Mensch sagte der Aseneth: „Stelle diesen Tisch fort." 17,8. Aseneth nahm den Tisch, und als sie sich umwandte, um ihn fortzubringen, verschwand sogleich der Mensch aus ihren Augen. Und Aseneth sah, wie ein Wagen mit vier Pferden nach Osten hin in den Himmel fuhr. Der Wagen war wie die Glut des Feuers und die Pferde wie ein Strahlen. Und der Mensch stand oben auf jenem Wagen (vgl. 2. Kön 2,11).

17,9. Aseneth sagte: „Ich war unvernünftig und übermütig, dass ich so zwanglos dahergeredet habe, und dass ich sagte, ein Mensch sei in meine Kammer gekommen aus dem Himmel, ohne zu sehen, dass ein göttliches Wesen zu mir kam. Sieh, nun fährt er wieder in den Himmel an seinen Ort." 17,10. Und Aseneth sagte: „Sei mir gnädig, Herr, und vergib deiner Dienerin, dass ich aus mangelnder Erkenntnis alle meine Worte so übermütig in deiner Gegenwart dahergeredet habe."

Aseneths Hochzeit

18,1. Als Aseneth dies zu sich gesprochen hatte, sieh, da sprang ein Jüngling aus der Hausdienerschaft des Pentephres heran und sagte: „Sieh, Joseph, der in Gott Bevollmächtigte, kommt zu uns, sein Vorausläufer steht bereits vor der Tür unseres Innenhofes." 18,2. Aseneth eilte, rief ihren Erzieher, der ihrem Haus vorstand, und sagte zu ihm: „Eile, ordne das Haus und bereite ein schönes Mahl, denn Joseph, der in Gott Bevollmächtigte, kommt heute zu uns." 18,3. Und ihr Erzieher sah sie, und sieh, ihr Gesicht war von den Entbehrungen der sieben Tage gezeichnet. Er wurde betrübt und klagte, nahm ihre rechte Hand, küsste sie herzlich und sagte: „Was ist mit dir, mein Kind, dass dein Gesicht so gezeichnet ist?" 18,4. Aseneth antwortete ihm: „In meinem Kopf war heftiger Schmerz und der Schlaf war von meinen Augen fern geblieben, deswegen ist mein Gesicht gezeichnet." 18,5. Und ihr Erzieher ging und ordnete Haus und Mahl.

Aseneth aber erinnerte sich an den Menschen und seine Anweisung, eilte und ging in ihre zweite Kammer hinein, wo die Truhen mit ihrem Schmuck waren. Sie öffnete ihren großen Schrank, nahm ihr erstes Obergewand der Hochzeit heraus, das wie ein Strahlen war, und zog es an. 18,6. Sie legte einen goldenen und königlichen Gürtel um, der aus wertvollen Steinen war. An ihre Hände und Füße tat sie goldene Armbänder, und wertvollen Schmuck tat sie um ihren Hals, in dem unzählig prächtige und wertvolle Steine eingearbeitet waren. Einen goldenen Kranz setzte sie auf ihren Kopf und in dem Kranz war vorn in der Mitte auf ihrer Stirn ein großer hyazinthfarbener Stein und im Kreis um den großen Stein waren sechs prächtige Steine. Mit einem Schleier verhüllte sie ihren Kopf wie eine Braut und in ihre Hand nahm sie ein Zepter.

18,7. Und Aseneth erinnerte sich der Worte ihres Erziehers, dass er zu ihr sagte, ihr Gesicht sei gezeichnet. Sie seufzte, wurde außerordentlich betrübt und sagte: „Wehe mir Demütigen, dass mein Gesicht gezeichnet ist. Joseph wird auf mich schauen und mich verachten." 18,8. Sie sprach zu ihrer Ziehschwester: „Bringe mir gereinigtes Wasser von der Quelle und ich werde mein Gesicht waschen."

18,9. Und sie brachte ihr gereinigtes Wasser und goss es aus dem Schöpfgefäß in eine Schüssel. Aseneth beugte sich nieder, um sich ihr Gesicht zu waschen, und sah ihr Gesicht im Wasser. Und es war wie die Sonne und ihre Augen wie ein aufgehender Morgenstern und ihre Wangen wie Felder des Höchsten und in den Wangen war ein Erröten wie das Blut eines Sohnes des Menschen. Ihre Lippen waren wie eine Rose des Lebens, wenn sie aus ihrem Kelch kommt, ihre Zähne wie zum Kampf zusammengestellte Hopliten[34], die Locken ihres Haupthaares waren wie ein Weinstock im Paradies Gottes, der üppige Frucht trägt, ihr Hals war wie eine vielfarbige Zypresse und ihre Brüste wie die Berge der Zuneigung des höchsten Gottes. 18,10. Wie sich Aseneth im Wasser sah, staunte sie über das, was sie

---

34 Als Hopliten werden die in der Schlachtreihe eng zusammenstehenden, schwerbewaffneten Soldaten Griechenlands bezeichnet.

sah, und freute sich überaus sehr. Und sie wusch ihr Gesicht nicht, denn sie sagte: „Nicht etwa, dass ich diese große Schönheit abspüle."

18,11. Ihr Erzieher kam zurück, um ihr zu sagen, dass alles bereitet sei wie sie es aufgetragen hatte. Doch wie er sie sah, erschrak er, stand lange sprachlos da, fürchtete sich sehr, sank vor ihre Füße und sagte: „Was ist das, meine Herrin? Woher kommt diese große Tugend und erstaunliche Schönheit? Nicht, dass etwa der Herr, der Gott des Himmels, dich zur Braut seines erstgeborenen Sohnes Joseph ausgewählt hat?"

19,1. Als sie noch redeten, kam ein Knabe und sagte zu Aseneth: „Sieh, Joseph hält vor der Tür unseres Innenhofes!" 19,2. Und Aseneth eilte, stieg die Treppe vom Obergemach hinab zusammen mit den sieben Jungfrauen, zur Begegnung mit Joseph, und stellte sich in den Vorraum des Hauses.

19,3. Joseph kam in den Innenhof, die Tore wurden geschlossen und alle Fremden verblieben außerhalb. 19,4. Und Aseneth ging aus dem Vorraum heraus zur Begegnung mit Joseph. Joseph sah sie, staunte über ihre Schönheit und sagte zu ihr: „Wer bist du? Verkünde es mir schnell." 19,5. Sie antwortete ihm: „Ich bin deine Dienerin Aseneth, und alle Götzenbilder habe ich hinweggeworfen von mir und vernichtet. Ein Mensch kam heute zu mir aus dem Himmel und gab mir das Brot des Lebens, und ich habe es gegessen, und den Kelch des Segens, und ich habe ihn getrunken, und er sagte zu mir: ‚Ich gebe dich dem Joseph zur Braut und er ist dein Bräutigam für alle Zeit.' Und er sagte mir: ‚Nicht länger wird dein Name ‚Aseneth' gerufen werden, sondern dein Name wird ‚Stadt der Zuflucht' gerufen werden, denn in dir werden viele Völker zum Herrn, dem höchsten Gott, fliehen.' 19,6. Und es sagte mir der Mensch: ‚Ich werde auch zu Joseph gehen und vor seinen Ohren meine Worte über dich sprechen.' 19,7. Nun weißt du, mein Herr, ob jener Mensch zu dir gekommen ist und über mich zu dir geredet hat."

19,8. Und Joseph sagte zu Aseneth: „Gesegnet bist du vom höchsten Gott und gesegnet dein Name in Ewigkeit, denn Gott der Herr hat deine Mauern begründet in den höchsten Dingen, und deine Mauern sind unbezwingbare Mauern des Lebens, da die Söhne des lebendigen Gottes in der Stadt deiner Zuflucht wohnen werden und Gott der Herr regieren wird in ihnen von Ewigkeit zu Ewigkeit. 19,9. Denn jener Mensch kam heute auch zu mir und sprach zu mir mit solchen Worten über dich. Und nun komm zu mir, reine Jungfrau, was stehst du weit weg von mir?"

19,10. Joseph streckte seine Hände aus und rief Aseneth mit einem Zeichen seiner Augen. Und auch Aseneth streckte ihre Hände aus, lief zu Joseph und sank an seine Brust. Er umarmte sie und Aseneth ihn, sie umarmten einander lange und begrüßten sich und lebten gemeinsam in ihrem Geist. 19,11. Joseph küsste Aseneth herzlich und gab ihr den Geist des Lebens, und küsste sie herzlich ein zweites Mal und gab ihr den Geist der Weisheit, und er küsste sie herzlich zum dritten Mal und gab ihr den Geist der Wahrheit. 20,1. Und sie umarmten einander lange und umschlangen die Bänder ihrer Hände.

Aseneth sagte zu Joseph: „Komm, mein Herr, tritt ein in unser Haus, denn ich habe unser Haus vorbereitet und ein großes Mahl bereitstellen lassen." 20,2. Sie ergriff seine rechte Hand, führte ihn in ihr Haus und setzte ihn auf den Ehrensitz ihres Vaters. Und sie holte Wasser, um seine Füße zu waschen. 20,3. Joseph sagte zu ihr: „Es soll eine deiner Jungfrauen kommen und meine Füße waschen." 20,4. Aber Aseneth antwortete: „Nein, mein Herr, denn du bist ab jetzt mein Herr und ich bin deine Dienerin. Warum hast du dies dahergeredet, dass eine andere Jungfrau deine Füße waschen soll? Denn deine Füße sind meine Füße, und deine Hände sind meine Hände, und deine Seele meine Seele." 20,5. Und sie bedrängte ihn und wusch ihm die Füße. Joseph betrachtete aufmerksam ihre Hände und sie waren wie Hände des Lebens und ihre Finger wie die Finger eines zugeneigten Schnellschreibers. Danach ergriff Joseph ihre rechte Hand und küsste sie herzlich, und Aseneth küsste herzlich seinen Kopf und setzte sich zu seiner Rechten.

20,6. Und ihr Vater und ihre Mutter kamen und alle ihre Verwandten von dem Acker ihres Erbguts. Sie sahen Aseneth wie eine Gestalt des Lichts, und ihre Schönheit war wie eine Schönheit des Himmels. Sie sahen sie bei Joseph sitzen, und dass sie ein Brautkleid angelegt hatte. 20,7. Und sie wunderten sich über ihre Schönheit und gaben Gott, der die Toten lebendig macht, die Ehre.

20,8. Danach aßen und tranken sie und unterhielten sich miteinander. Und Pentephres sagte zu Joseph: „Morgen will ich alle Großen und Satrapen des ganzen Landes Ägypten rufen. Ihr sollt Hochzeit halten und du sollst meine Tochter Aseneth zur Ehefrau nehmen." 20,9. Joseph aber sagte: „Ich werde morgen zum König, dem Pharao, gehen, denn er ist wie mein Vater und hat mich als Obersten über das ganze Land Ägypten eingesetzt, ich werde zu seinen Ohren über Aseneth sprechen und er wird sie mir zur Ehefrau geben." 20,10. Und Pentephres sagte zu ihm: „Gehe mit Frieden." 21,1. Joseph verbrachte jenen Tag bei Pentephres, aber er schlief nicht mit Aseneth, denn Joseph sagte: „Es schickt sich nicht für einen frommen Mann vor der Eheschließung mit seiner Braut zu schlafen."

21,2. Am Morgen stand Joseph auf, ging weg zum Pharao und sagte zu ihm: „Gib mir Aseneth, die Tochter des Pentephres, des Hohenpriesters von Heliopolis, zur Frau." 21,3. Und der Pharao sagte zu Joseph: „Sieh, ist sie dir nicht seit Ewigkeiten zur Frau bestimmt? Sie soll deine Ehefrau sein, von jetzt an und für alle Zeit."

21,4. Und der Pharao schickte hin und rief den Pentephres und die Aseneth. Der kam, brachte Aseneth und stellte sie vor den Pharao. Der Pharao sah sie, erstaunte ob ihrer Schönheit und sagte: „Es segne dich, Kind, der Herr, der Gott des Joseph, und diese deine Schönheit soll bestehen in Ewigkeit, weil der gerechte Herr, der Gott des Joseph, dich dem Joseph zur Braut auserwählt hat, denn er ist der erstgeborene Sohn Gottes und du wirst die Tochter des Höchsten genannt werden und Braut Josephs von jetzt an und bis in Ewigkeit." 21,5. Und der Pharao nahm Joseph und Aseneth und setzte goldene Kränze auf ihre Köpfe, die von Beginn an in seinem Haus waren. Der Pharao stellte Aseneth an die rechte Seite des Joseph, 21,6. legte seine Hände auf ihre Köpfe und es war seine rechte Hand auf dem Kopf der Aseneth, und der Pharao sagte: „Es segne euch der Herr, der höchste Gott, er erfülle euch und sei euch wohlgesonnen in Ewigkeit." 21,7. Und der Pharao wandte ihre Gesichter einander zu, führte ihre Münder zueinander, fügte ihre Lippen zueinander und sie küssten einander herzlich.

21,8. Danach besiegelte der Pharao ihre Ehe, richtete ein großes Mahl aus und ein reiches Trinkgelage für sieben Tage. Er rief alle Oberen im Land Ägypten zusammen und alle Könige der Völker und wachte über alles im Land Ägypten, wobei er sprach: „Jeder Mensch, der während der sieben Tage der Hochzeitsfeier von Joseph und Aseneth arbeitet, soll dem Tod anheimgegeben sein." 21,9. Erst da ging

Joseph zu Aseneth, und Aseneth wurde schwanger von Joseph und gebar den Manasse und den Ephraim im Haus des Joseph.

21,10. **Bekenntnislied der Aseneth an den höchsten Gott**

21,11. „Ich habe gesündigt, Herr, gesündigt habe ich vor dir, vielfach habe ich gesündigt, ich Aseneth, die Tochter des Pentephres, des Hohenpriesters von Heliopolis, der der Aufseher ist über alles. 21,12. Ich habe gesündigt, Herr, gesündigt habe ich vor dir, vielfach habe ich gesündigt. Üppig war ich im Haus meines Vaters, ich war eine vorlaute und unverschämte Jungfrau. 21,13. Ich habe gesündigt, Herr, gesündigt habe ich vor dir, vielfach habe ich gesündigt. Fremde Götter habe ich angebetet, die Unzählige waren, und ich aß das Brot von ihren Opfergaben. 21,14. Ich habe gesündigt, Herr, gesündigt habe ich vor dir, vielfach habe ich gesündigt. Das Brot des Galgens aß ich, und ich trank vom Kelch des Hinterhalts vom Tisch des Todes. 21,15. Ich habe gesündigt, Herr, gesündigt habe ich vor dir, vielfach habe ich gesündigt. Ich sah nicht den Gott des Himmels, und ich setzte nicht auf den höchsten Gott des Lebens. 21,16. Ich habe gesündigt, Herr, gesündigt habe ich vor dir, vielfach habe ich gesündigt. Ich setzte auf den Reichtum des Scheinbaren[35] und auf meine Schönheit, ich war vorlaut und unverschämt. 21,17. Ich habe gesündigt, Herr, gesündigt habe ich vor dir, vielfach habe ich gesündigt. Ich verachtete alle Männer auf der Erde und keinen Menschen gab es da, der etwas vor mir vermocht hätte. 21,18. Ich habe gesündigt, Herr, gesündigt habe ich vor dir, vielfach habe ich gesündigt. Ich missachtete alle, die sich um mich beworben haben, ich verachtete sie und trat sie mit Füßen.

21,19. Ich habe gesündigt, Herr, gesündigt habe ich vor dir, vielfach habe ich gesündigt. Ich habe übermütig Dinge nachgeplappert aus Eitelkeit und sagte, dass es keinen herrscherlichen Mann gibt

---

35 Das griechische Wort *doxa* bezeichnet das Scheinbare, die Meinung, bloße Auffassung von Dingen, fehlerhafte Überzeugungen. Es ist Gegenbegriff zu *sophia*, der Weisheit, sicheren Kenntnis, Wahrheit, klaren Einsicht in die Dinge.

auf der Erde, der den Gürtel meiner Jungfräulichkeit löst. 21,20. Ich habe gesündigt, Herr, gesündigt habe ich vor dir, vielfach habe ich gesündigt. ‚Sondern ich werde die Braut des erstgeborenen Sohnes des großen Königs sein.'

21,21. Ich habe gesündigt, Herr, gesündigt habe ich vor dir, vielfach habe ich gesündigt. Bis Joseph kam, der in Gott Bevollmächtigte. Er selbst hob mich heraus aus meiner Herrschsucht und demütigte mich in meinem Hochmut, mit seiner Schönheit erjagte er mich und mit seiner Weisheit ergriff er mich wie einen Fisch mit der Angel, mit seinem Geist köderte er mich wie mit dem Köder des Lebens und mit seinen Fähigkeiten stärkte er mich, er führte mich zum Gott der Ewigkeiten und dem Obersten des Hauses des Höchsten[36]. Er gab mir zu essen das Brot des Lebens und zu trinken den Kelch der Weisheit und ich werde seine Braut sein von Ewigkeit zu Ewigkeit."

Jakob in Ägypten

22,1. Danach endeten die sieben Jahre des Überflusses und die sieben Jahre des Hungers kamen (vgl. Gen 41,53–54). 22,2. Jakob hörte über seinen Sohn Joseph. Und Israel kam und zog nach Ägypten mit allen seinen Verwandten im zweiten Jahr des Hungers, im zweiten Monat, am 21. Tag, und er schlug seine Zelte auf im Land Gosen (vgl. Gen 45,25–46,7; 46,28–29; 47,27). 22,3. Und Aseneth sagte zu Joseph: „Ich will hingehen und deinen Vater anschauen, denn dein Vater Israel ist wie Gott für mich." 22,4. Joseph sagte zu ihr: „Du sollst mit mir gehen und meinen Vater anschauen."

22,5. So kamen Joseph und Aseneth zu Jakob in das Land Gosen. Die Brüder Josephs gingen ihnen entgegen und fielen ehrfürchtig vor ihnen nieder mit dem Gesicht auf die Erde. 22,6. Und sie kamen zu Jakob hin. Israel saß auf seiner Liege und er war ein alter Mann im Greisenalter.

22,7. Aseneth sah ihn und erstaunte über seine Schönheit, denn Jakob war außerordentlich schön von Gestalt und sein Alter wie die Jugend eines reifen Mannes. Sein Kopf war ganz weiß wie Schnee, die Locken seines Haupthaares waren gelockt und außerordentlich

---

36 Gemeint ist der Engel.

dicht wie die eines Äthiopiers[37], sein Bart war weiß und reichte bis auf seine Brust, und seine Augen funkelten freudig und blitzten. Sein Nacken, seine Schultern und seine Arme waren wie die eines Engels, seine Hüften, seine Beine und seine Füße waren wie die eines Giganten. Und Jakob war wie ein Mensch, der mit Gott gerungen hatte (vgl. Gen 32,23–33). 22,8. Aseneth sah ihn, erstaunte und fiel ehrfürchtig vor ihm nieder mit dem Gesicht auf die Erde.

Jakob sagte zu Joseph: „Ist sie meine Schwiegertochter, deine Frau? Gesegnet sei sie durch den höchsten Gott." 22,9. Jakob rief sie zu sich, segnete sie und küsste sie herzlich. Und Aseneth streckte ihre Hände aus und umfasste den Nacken Jakobs und hing am Hals ihres Schwiegervaters wie jemand am Hals seines Vaters hängt, wenn er aus dem Krieg zurückkehrt in sein Haus, und sie küsste ihn herzlich.

22,10. Danach aßen und tranken sie. Und Joseph und Aseneth kehrten zurück zu ihrem eigenen Haus. 22,11. Mit ihnen gingen Simon und Levi, die Brüder Josephs, die einzigen Söhne der Lea, die anderen Söhne der Billa und Zilpha aber, der Dienerinnen Leas und Rahels, gingen nicht mit ihnen, denn sie beneideten und hassten sie. 21,12. Und Levi war an Aseneths rechter Seite und Joseph an ihrer linken Seite.

21,13. Und Aseneth ergriff die Hand des Levi. Aseneth war Levi am meisten von allen Brüdern Josephs zugeneigt, weil er vor Gott dem Herrn ehrfürchtig niederfiel und ein in sich gesammelter Mann war, weil er ein Prophet des Höchsten war und scharf mit seinen Augen blickte: Er sah schwebende Buchstaben geschrieben in den Himmel mit dem Finger Gottes, er sah die unaussprechlichen Geheimnisse des höchsten Gottes und legte alles Aseneth dar im Geheimen, denn auch Levi war Aseneth sehr zugeneigt und sah sie als Ort der Ruhe in den höchsten Dingen und ihre Mauern wie unbezwingbare, ewige Mauern und ihre Grundmauern als Grundmauern auf dem Fels des siebten Himmels.

---

37 Die Äthiopier gelten in der griechischen Antike als das Weisheitsvolk schlechthin, gleichrangig mit Chaldäern.

Der Anschlag auf Aseneth

23,1. Und es geschah, dass der erstgeborene Sohn des Pharao von der Mauer herab Joseph und Aseneth sah, als sie vorübergingen. Er sah Aseneth und es schmerzte ihn, er war außer sich, wurde böse gesinnt wegen ihrer Schönheit und sagte: „Keineswegs soll es so sein!"

23,2. Und der Sohn des Pharao schickte Boten und rief Simon und Levi zu sich. Die Männer kamen zu ihm und stellten sich vor ihn. Der erstgeborene Sohn des Pharao sagte zu ihnen: „Ich habe heute erkannt, dass ihr fähigere Männer seid als alle anderen Menschen auf der Erde, mit diesen euren rechten Händen wurde die Stadt der Sichemiten niedergestreckt (vgl. Gen 34,1–31) und durch diese eure zwei Schwerter wurden 30.000 Kriegsmänner erschlagen. 23,3. Sieh, ich will euch heute unter meine Gefolgsleute[38] aufnehmen und ich werde euch Gold geben und Silber, Diener und Dienerinnen, Häuser und viele Bauern und Sachgüter.

Nur tut diese Sache und tut es aus Barmherzigkeit für mich, denn ich habe einen gewaltsamen Übergriff erlitten von eurem Bruder Joseph, weil er Aseneth genommen hat, meine Frau, die mir zugesprochen war von Beginn an. 23,4. Nun kommt, begleitet mich und lasst uns gegen euren Bruder Joseph kämpfen, ich will ihn mit meinem Schwert niederhauen und mir die Aseneth als Frau holen, und ihr werdet mir Brüder und treue Freunde werden. 23,5. Nur tut diese Sache. Wenn ihr aber Bedenken tragt, diese Sache zu tun, und meinen Ratschluss verachtet, sieh, so ist mein Schwert auch gegen euch bereit." 23,6. Noch während er dies sagte, entblößte er sein Schwert und zeigte es ihnen vor.

Als aber die Männer Simon und Levi diese Worte gehört hatten, schmerzte es sie außerordentlich, dass der Sohn des Pharao in so tyrannischer[39] Weise vor ihnen dahergeredet hatte. 23,7. Simon war ein voreiliger und übermütiger Mann und erwog bei sich, seine Hand auf den Knauf seines Schwertes zu werfen, es aus der Scheide

---

38 Das griechische Wort *hetairos* bezeichnet eigentlich den Kriegsgefährten. Später wurde damit auch der enge Weggefährte bezeichnet.

39 Tyrannisch sind alle ungerechten Herrscher in der Antike. Hier wird dem Pharaosohn die sittliche Herrscherqualifikation abgesprochen.

zu ziehen und den Sohn des Pharao anzugreifen, denn er redete Ehrrühriges zu ihnen daher. 23,8. Levi sah die Erwägungen seines Herzens, denn Levi war ein prophetisch begabter Mann. Er sah scharf mit seiner Voraussicht und seinen Augen, und erkannte was geschrieben war im Herzen eines Menschen. Levi trat mit seinem Fuß den rechten Fuß des Simon, bedrängte ihn und bedeutete ihm, von seinem Zorn abzulassen. 23,9. Und Levi sagte leise zu Simon: „Warum bist du dermaßen zornig auf diesen Mann? Wir sind fromme Männer, es schickt sich nicht für uns, Schlechtes mit Schlechtem zu vergelten."

23,10. Und zum Sohn des Pharao sagte Levi mit freier Rede und fröhlichem Gesicht, kein Zorn war in ihm übriggeblieben, sondern mit geduldigem Herzen sprach er zu ihm: „Warum redet unser Herr mit solchen Worten daher? Wir sind fromme Männer, unser Vater ist ein Freund des höchsten Gottes und unser Bruder Joseph ist wie der erstgeborene Sohn Gottes. 23,11. Wie könnten wir diese schandhafte Sache tun und sündigen vor unserem Gott, vor unserem Vater Israel und vor unserem Bruder Joseph? (Vgl. Gen 39,9.) 23,12. Höre nun meine Worte: Es schickt sich nicht für einen frommen Mann, einem anderen Menschen Unrecht zu tun wegen welcher Sache auch immer. Falls aber jemand plant, einem frommen Mann Unrecht zu tun, wird es jener fromme Mann nicht abwehren, denn es wird kein Schwert in seiner Hand sein. 23,13. Hüte dich, noch einmal über unseren Bruder Joseph mit solchen Worten daherzureden. Wenn du aber festhältst an diesem deinem schandhaften Ratschluss, sieh, wir halten Schwerter in unseren rechten Händen vor dir." 23,14. Und Simon und Levi zogen ihre Schwerter aus den Scheiden und sagten: „Sieh, hast du diese Schwerter gesehen? Durch diese zwei Schwerter richtete Gott der Herr die Vermessenheit der Sichemiten, die vermessen handelten gegen die Söhne Israels wegen unserer Schwester Dina, die Sichem, der Sohn Hemors, beschmutzt hat." (Vgl. Gen 34,1–31.)

23,15. Der Sohn des Pharao sah ihre Schwerter, die sie gezückt hatten, fürchtete sich außerordentlich und bebte an seinem ganzen Körper, denn ihre Schwerter funkelten wie die Glut des Feuers. Dem Sohn des Pharao wurde es schwarz vor Augen und er sank mit dem Gesicht auf die Erde hinunter vor ihre Füße. 23,16. Levi streckte seine rechte Hand aus, ergriff ihn und sagte zu ihm: „Steh auf und habe keine Angst. Nur hüte dich, noch einmal über unseren Bruder Joseph mit einer so schandhaften Sache daherzureden." 23,17. Und es traten aus dem Gesichtskreis des Sohns des Pharao Simon und Levi.

24,1. Der Sohn des Pharao war voller Furcht und Kummer, denn er fürchtete die Brüder Josephs, Simon und Levi, und er war verzweifelt wegen der Schönheit Aseneths, es betrübte ihn unendlicher Kummer. 24,2. Seine Pagen sprachen zu ihm, wobei sie über jene sagten: „Sieh, die Söhne Billas und die Söhne Zilphas, der Dienerinnen Leas und Rahels, der Ehefrauen Jakobs, hassen Joseph und Aseneth und beneiden sie; diese werden dir nach deinem Willen zur Hand gehen." 24,3. Und der Sohn des Pharao schickte Boten und rief alle zu sich.

Sie kamen zu ihm in finsterster Nacht und stellten sich vor ihn. Und es sagte zu ihnen der Sohn des Pharao: „Ich habe ein Anliegen an euch, denn ihr seid fähige Männer." 24,4. Es sprachen zu ihm Dan und Gad, die ältesten Brüder: „Unser Herr möge sprechen, deine Pagen werden es hören und wir werden nach deinem Willen tun." 24,5. Und der Sohn des Pharao freute sich unendlich und sagte zu seinen Pagen: „Stellt euch ein wenig entfernt von mir, denn meine Rede zu diesen Männern ist eine geheime." 24,6. Und alle stellten sich entfernt.

24,7. Der Sohn des Pharao sagte aber zu ihnen. „Sieh, Segen und Tod stehen vor eurem Angesicht. Nehmt euch lieber den Segen und nicht den Tod, denn ihr seid fähige Männer und sollt nicht sterben wie Frauen, sondern euch männlich-tapfer verhalten und eure Feinde abwehren. 24,8. Denn ich habe gehört wie euer Bruder Joseph zu meinem Vater, dem Pharao, über euch gesagt hat: ‚Sie sind die Kinder von Dienerinnen meines Vaters und nicht meine Brüder. Ich werde den Tod meines Vaters abwarten und sie samt aller ihrer Nachkommen von der Erde verjagen, damit wir nicht unser Erbe mit ihnen teilen müssen, denn sie sind Kinder von Dienerinnen. 24,9. Diese haben mich den Ismaeliten verkauft und ich werde ihnen ihre Vermessenheit vergelten, in der sie so schandhaft an mir getan haben. Nur soll mein Vater zuerst sterben.' 24,10. Mein Vater der Pharao lobte ihn und sagte zu ihm: ‚Gut hast du das ausgedacht. Nimm meine schwerbewaffneten Soldaten und ich werde dir eine Hilfe sein.'"

24,11. Als die Männer die Worte des Sohns des Pharao gehört hatten, zitterten sie sehr, waren betrübt und sagten zu ihm: „Wir bitten dich, Herr, hilf uns!" 24,12. Aber er sagte zu ihnen: „Ich werde euch eine Hilfe sein, falls ihr euch meine Worte anhört." 24,13. Die Männer sagten aber: „Sieh, wir stehen als deine Pagen vor dir. Befiehl uns, und wir werden nach deinem Willen tun."

24,14. Der Sohn des Pharao sagte: „Ich werde in dieser Nacht meinen Vater, den Pharao, töten, denn der Pharao ist wie ein Vater des Joseph und sagte zu ihm, dass er ihm helfen wird gegen euch. Und ihr sollt Joseph töten, ich hole für mich selbst Aseneth als Frau und ihr werdet mir Brüder und Miterben meines gesamten Besitzes sein. Nur tut diese Sache." 24,15. Dan und Gad sagten: „Wir sind heute deine Pagen und werden alles tun, was du uns befiehlst. Wir haben heute gehört, wie Joseph zu Aseneth sagte: ,Geh morgen auf den Acker unseres Erbgutes, denn es ist die Zeit der Weinlese.' Und er gab ihr 600 schwerbewaffnete Soldaten mit und 50 leichtbewaffnete Aufklärer als Vorhut. 24,16. Nun höre du auf uns, und wir werden zu unserem Herrn sprechen." 24,17. Und sie sprachen alle ihre Erwägungen im Geheimen zu ihm und sagten: „Gib uns schwerbewaffnete Soldaten."

24,18. Der Sohn des Pharao gab den vier Brüdern jeweils 500 Mann und setzte sie als ihre Oberste und Anführer ein. 24,19. Und Dan und Gad sagten zu ihm: „Wir sind heute deine Pagen und werden alles tun, was du uns befiehlst. Wir werden in der Nacht gehen, uns im Tal verstecken und verbergen in der Fülle des Schilfes. Du nimm mit dir 50 Mann berittene Bogenschützen und geh uns weit voran. Aseneth wird kommen, hineinstürzen in unseren Hinterhalt und wir werden die Männer, die mit ihr sind, erschlagen. Aseneth wird nach vorne weg mit ihrem Gespann fliehen und so genau in deine Hände fallen, und du kannst mir ihr tun wie deine Seele begehrt. Danach werden wir Joseph töten, wenn er wegen Aseneth betrübt ist, und seine Kinder töten wir noch vor seinen Augen."

Der Sohn des Pharao freute sich, als er diese Worte hörte. Er schickte sie los und 2000 Kriegsmänner mit ihnen. 24,20. Sie kamen in das Tal und verbargen sich in der Fülle des Schilfes. Und es saßen vor dem Tal zu beiden Seiten des Weges 500 Männer und hinter dem Tal zu beiden Seiten des Weges 500 Männer. Und zwischen ihnen war der flache und breite Weg.

25,1. Und der Sohn des Pharao stand auf in jener Nacht und kam in die Kammer seines Vaters, um ihn mit dem Schwert zu töten. Die Wächter seines Vaters verwehrten ihm aber hineinzugehen zu seinem Vater und sagten zu ihm: „Was befiehlst du, Herr?" 25,2. Der Sohn des Pharao sagte zu ihnen: „Ich will auf meinen Vater schauen, denn ich gehe, von meinem neubepflanzten Weinberg Trauben zu ernten." 25,3. Und die Wächter sagten zu ihm: „Ein Schmerz des Kopfes setzte deinem Vater zu, er war die ganze Nacht über schlaflos gewesen und hat jetzt erst ein wenig Ruhe gefunden. Er hat uns gesagt: „Niemand soll sich mir nähern, auch nicht mein erstgeborener Sohn." 25,4. So wie er dies gehört hatte, ging der Sohn des Pharao eilig weg und nahm mit sich 50 berittene Bogenschützen, und er ging weg, ihnen voran, gemäß dem, was Dan und Gad zu ihm gesprochen hatten.

25,5. Die jüngeren Brüder Naphtali und Asser besprachen sich mit ihren älteren Brüdern Dan und Gad, wobei sie sagten: „Weswegen tut ihr etwas so Schandhaftes gegen unseren Vater Israel und gegen unseren Bruder Joseph? Ihn bewacht der Herr wie einen Augapfel. Sieh, habt ihr ihn nicht schon einmal verkauft, und ist er nicht heute König der ganzen Erde, Retter und Verantwortlicher für die Kornversorgung? 25,6. Und nun versucht ihr Schandhaftes gegen ihn zu tun, er aber wird zum Höchsten um Hilfe bitten und aufsteigen zum Himmel, er wird Feuer aus dem Himmel senden, es wird euch verzehren und die Engel Gottes werden gegen euch kämpfen für ihn." 25,7. Aber ihre älteren Brüder wurden zornig über sie und sagten: „Sollen wir denn wie Frauen sterben?"

26,1. Aseneth stand auf am Morgen und sagte zu Joseph: „Ich werde gemäß dem, was du dir erdacht hast, zum Acker unseres Erbgutes gehen. Aber meine Seele schaudert, weil du von mir fern sein wirst." 26,2. Joseph entgegnete ihr: „Fasse Mut und fürchte dich nicht, sondern geh, denn der Herr ist mit dir und wird dich behüten wie einen Augapfel vor allen schandhaften Dingen. 26,3. Deswegen werde ich auch zu meiner Getreideausgabe gehen und allen Menschen Brot geben und keinesfalls soll die gesamte Erde zu Schaden kommen vor dem Angesicht des Herrn." 26,4. Und Aseneth ging ihren Weg und Joseph ging zu seiner Getreideausgabe.

26,5. Aseneth kam zu der Stelle des Tals und die 600 Männer mit ihr. Die, die sich verborgen hatten, sprangen aus ihrem Versteck, begannen den Kampf mit den Männern der Aseneth und erschlugen sie mit der Vorderseite der Schwerter, auch alle leichtbewaffneten Aufklärer der Aseneth töteten sie. Und Aseneth floh mit ihrem Gespann nach vorne weg.

26,6. Levi verkündete seinen Brüdern, den Söhnen Leas, von der Gefahr für Aseneth. Und jeder nahm sein Schwert und tat es an seine Hüfte, sie nahmen ihre Schilde und taten sie an ihre Arme, und sie nahmen ihre Speere in ihre rechten Hände und verfolgten schnell den Weg der Aseneth zurück.

26,7. Aseneth floh nach vorne weg und, sieh, der Sohn des Pharao trat ihr entgegen und 50 berittene Männer mit ihm. 26,8. Aseneth sah ihn, fürchtete sich, zitterte sehr und bebte. Und sie rief den Namen des Herrn, ihres Gottes.

27,1. Benjamin saß an der linken Seite der Aseneth auf ihrem Gespann. Benjamin war ein Knabe[40] von 18 Jahren, groß und stark, befähigt für die höchsten Ämter, er war unaussprechlich schön und stark wie das Junge des Löwen, und er fürchtete den Herrn außerordentlich. 27,2. Benjamin sprang herab vom Gespann, nahm einen runden Stein aus dem Tal, füllte seine Hand damit, schleuderte ihn gegen den Sohn des Pharao, schlug ihn an seine linke Schläfe und fügte ihm eine schwere Verletzung zu. 27,3. Und der Sohn des Pharao sank halbtot von seinem Pferd auf die Erde wie zufällig.

27,4. Benjamin sprang herbei, stieg auf einen Felsen und sagte zum Wagenlenker der Aseneth: „Gib mir Steine aus dem Tal!" 27,5. Und er gab ihm 50 Steine. Er schleuderte die 50 Steine und tötete die 50 Männer, die mit dem Sohn des Pharao waren. Und alle 50 Steine drangen durch ihre Schläfen.

27,6. Die Söhne der Lea, Ruben und Simon, Levi und Juda, Isachar und Sebulon, verfolgten schnell die Männer, die versteckt gewesen waren, stürzten sich plötzlich auf sie und erschlugen sie alle. Und die sechs Männer töteten 2000 Männer.

---

40 Das griechische Wort *paidarion* bezeichnet den Knaben. Hier wird es verwendet, um zu betonen, dass Benjamin der jüngste Sohn Jakobs ist. Eigentlich müsste man einen jungen Mann von 18 Jahren als *neaniskos,* als Jüngling bezeichnen.

27,7. Ihre Brüder flohen von ihrem Angesicht, die Söhne Billas und Zilphas, und sagten: „Wir sind vernichtet durch unsere Brüder, der Sohn des Pharao starb von der Hand des Knaben Benjamin und alle, die mit ihm waren, sind allein von der Hand des Knaben Benjamin vernichtet worden. 27,8. Nun aber kommt, wir wollen Aseneth und Benjamin töten und fliehen in die Fülle dieses Schilfes." 27,9. Und sie kamen und zückten schon ihre bluttriefenden Schwerter.

27,10. Aseneth sah sie, fürchtete sich außerordentlich und sprach: „Herr, mein Gott, der mir neues Leben geschenkt hat und aus dem Tod errettet hat, der zu mir gesagt hat: ‚In Ewigkeit wird deine Seele leben' – Rette mich aus der Hand dieser schandhaften Menschen!" 27,11. Und Gott, der Herr, hörte die Stimme der Aseneth und sogleich wurde sie errettet, indem ihre Schwerter aus ihren Händen auf die Erde sanken und zu Asche zerfielen.

28,1. Die Söhne Billas und Zilphas sahen diese großen Dinge, fürchteten sich außerordentlich und sagten: „Der Herr kämpft gegen uns für Aseneth." 28,2. Und sie sanken mit dem Gesicht auf die Erde, fielen ehrfürchtig vor Aseneth nieder und sagten: „Erbarme dich unser, deiner Sklaven, denn du bist unsere Herrin und Königin. 28,3. Wir haben schandhaft Schlechtes gegen dich getan und der Herr hat es uns vergolten gemäß unseren Werken. 28,4. Jetzt bitten wir dich, deine Sklaven, erbarme dich unser und rette uns aus der Hand unserer Brüder, denn sie nähern sich dir als Rächer der Vermessenheit gegen dich und ihre Schwerter sind gegen uns gezückt."[41]

28,7. Aseneth aber sagte zu ihnen: „Fasst Mut und fürchtet euch nicht vor euren Brüdern, denn sie sind fromme Männer und fürchten Gott und achten alle Menschen. Geht in die Fülle dieses Schilfes hinein bis ich sie mit Euch versöhnt habe. Ich werde ihren Zorn beruhigen, doch ihr habt Großes gegen sie gewagt. Fasst Mut und fürchtet euch nicht. Einzig der Herr soll zwischen mir und euch ein Urteil fällen." 28,8. Und es flohen in die Fülle des Schilfes hinein Dan und Gad und ihre Brüder. Sieh, die Söhne Leas kamen, die rannten

---

41 Einige Textzeugen haben an dieser Stelle zwei zusätzliche Verse 28,5–6: „Wir wissen ja, dass unsere Brüder Gott fürchten und keinem Menschen Schlechtes mit Schlechtem vergelten. Unsere Gebieterin, schütze deine Sklaven vor jenen!"

wie dreijährige Hirsche. 28,9. Und Aseneth stieg von ihrem schützenden Gespann und begrüßte sie mit Tränen und, nachdem sie herangekommen waren, fielen sie ehrfürchtig vor ihr nieder auf die Erde, klagten mit lauter Stimme und suchten ihre Brüder, die Söhne der Dienerinnen ihres Vaters, um sie niederzumachen.

28,10. Aseneth sagte aber zu ihnen: „Ich bitte euch, lasst ab von euren Brüdern und tut ihnen nicht Schlechtes gegen Schlechtes, denn der Herr hat mich vor ihnen errettet und ihre Schwerter zerbrochen und, sieh, sie sind auf der Erde zerschmolzen wie eine Wabe im Angesicht des Feuers. Dies ist genug für sie, dass der Herr gegen sie gekämpft hat. 28,11. Ihr, lasst ab von ihnen, denn sie sind eure Brüder und Blut eures Vaters Israel."

28,12. Aber Simon sagte zu ihr: „Weshalb redet unsere Herrin Gutes über ihre Feinde daher? 28,13. Keineswegs werden wir das tun! Sondern wir werden sie erschlagen mit unseren Schwertern, denn erstens planten sie Schlechtes gegen uns, unseren Vater Israel und unseren Bruder Joseph, und zweitens planten sie dieses heute gegen dich, unsere Herrin und Königin." 28,14. Aseneth aber streckte ihre rechte Hand aus, berührte seine Wange, küsste ihn herzlich und sagte zu ihm: „Niemals, Bruder, sollst du Schlechtes gegen Schlechtes tun. Der Herr wird ihnen die Strafe für ihre Vermessenheit geben. Sie sind eure Brüder und Nachkommen eures Vaters, und sie flohen weit weg von eurem Angesicht."

28,15. Und es kam Levi zu ihr und küsste herzlich ihre rechte Hand und erkannte, dass sie entschlossen war, die Männer zu retten, 28,16. und sie nahebei in der Fülle des Schilfes waren. 28,17. Ihr Bruder Levi erkannte es, aber verkündete es seinen Brüdern nicht. Er fürchtete nämlich, dass sie[42] sie[43] in ihrem Zorn erschlagen würden.

29,1. Der Sohn des Pharao aber stand auf von der Erde, wo er gesessen hatte, und Blut rann von seinem Mund, denn das Blut von seiner Schläfe floss auf seinen Mund herab. 29,2. Benjamin lief zu ihm, nahm das Schwert des Sohns des Pharao und zog es aus seiner Scheide, denn Benjamin hatte kein Schwert an seiner Hüfte, und er war im Begriff, die Brust des Sohns des Pharao schlagen.

---

42 Gemeint sind die herbeilaufenden Brüder.
43 Die Brüder im Schilf.

29,3. Da lief Levi zu ihm, ergriff seine Hand und sagte: „Niemals, Bruder, sollst du diese Sache tun, denn wir sind fromme Männer und es schickt sich weder für einen frommen Mann, Schlechtes mit Schlechtem zu vergelten, noch einen Gestürzten mit Füßen zu treten, noch den Feind bis in den Tod zu bedrängen. 29,4. Und nun wende dein Schwert weg, hin an seinen Ort, und komm, hilf mir, wir wollen ihn heilen von seiner Verletzung. Falls er überlebt, wird er uns danach ein Freund sein, und sein Vater, der Pharao, wird wie ein Vater für uns sein." 29,5. Und Levi setzte den Sohn des Pharao auf, wusch das Blut von seinem Gesicht ab, tat einen Verband auf seine Wunde und setzte ihn auf sein Pferd, brachte ihn zu seinem Vater, dem Pharao, und erklärte ihm alle diese Zusammenhänge. 29,6. Und der Pharao stand auf von seinem Thron, fiel ehrfürchtig vor Levi nieder auf die Erde und war ihm dankbar. 29,7. Aber am dritten Tag starb der Sohn des Pharao an der Verletzung durch den Stein des Knaben Benjamin.

29,8. Der Pharao betrauerte seinen erstgeborenen Sohn außerordentlich und aus Trauer wurde er gebrechlich. Der Pharao starb mit 109 Jahren und ließ sein Diadem dem Joseph zurück. 29,9. Joseph regierte als König in Ägypten 48 Jahre lang. Danach gab Joseph das Diadem dem jüngeren Nachkommen des Pharao, der noch an der Brust war, als der Pharao starb. Und Joseph war wie ein Vater für den jüngeren Sohn des Pharao im Land Ägypten.

Abkürzungen der biblischen Bücher

Die Schriften der Bibel werden in der „Kleinen Bibliothek" mit folgenden Abkürzungen zitiert (in alphabetischer Reihenfolge):

1. Tenach/Altes Testament

Amos	Buch Amos
1. Chr	1. Buch der Chronik
2. Chr.	2. Buch der Chronik
Dan	Buch Daniel
Dtn	Deuteronomium (5. Buch Mose)
Esra	Buch Esra
Est	Buch Ester (Esther)
Ex	Exodus (2. Buch Mose)
Ez	Buch Ezechiel (Hesekiel)
Gen	Genesis (1. Buch Mose)
Hab	Buch Habakuk
Hag	Buch Haggai
Hiob	Buch Hiob (Ijob)
Hld	Hoheslied
Hos	Buch Hosea
Jer	Buch Jeremia
Jes	Buch Jesaja
Joel	Buch Joel
Jona	Buch Jona
Jos	Buch Josua
Klgl	Klagelieder des Jeremia
Koh	Buch Kohelet (Prediger Salomo)
1. Kön	1. Buch der Könige
2. Kön	2. Buch der Könige
Lev	Levitikus (3. Buch Mose)
Mal	Buch Maleachi

Mi	Buch Micha
Nah	Buch Nahum
Neh	Buch Nehemia
Num	Numeri (4. Buch Mose)
Ob	Buch Obadja
Ps	Buch der Psalmen
Ri	Buch der Richter
Rut	Buch Rut (Ruth)
Sach	Buch Sacharja
1. Sam	1. Buch Samuel
2. Sam	2. Buch Samuel
Spr	Buch der Sprüche (Sprüche Salomos)
Zeph	Buch Zephanja

Apokryphe bzw. deuterokanonische Schriften

Bar	Buch Baruch
Jdt	Buch Judit (Judith)
1. Makk	1. Makkabäerbuch
2. Makk	2. Makkabäerbuch
Sir	Buch Jesus Sirach (Ben Sira)
Tob	Buch Tobit
Weish	Buch der Weisheit (Weisheit Salomos)

2. Neues Testament

Apg	Apostelgeschichte
Eph	Brief an die Epheser
Gal	Brief an die Galater
Hebr	Brief an die Hebräer
Jak	Brief des Jakobus
1. Joh	1. Brief des Johannes
2. Joh	2. Brief des Johannes
3. Joh	3. Brief des Johannes
Joh	Evangelium nach Johannes
Jud	Brief des Judas
Kol	Brief an die Kolosser
1. Kor	1. Brief an die Korinther
2. Kor	2. Brief an die Korinther

Lk	Evangelium nach Lukas
Mk	Evangelium nach Markus
Mt	Evangelium nach Matthäus
Offb	Offenbarung (Apokalypse) des Johannes
1. Petr	1. Brief des Petrus
2. Petr	2. Brief des Petrus
Phil	Brief an die Philipper
Phlm	Brief an Philemon
Röm	Brief an die Römer
1. Thess	1. Brief an die Thessalonicher
2. Thess	2. Brief an die Thessalonicher
1. Tim	1. Brief an Timotheus
2. Tim	2. Brief an Timotheus
Tit	Brief an Titus